Tierfabeln

TIER FABELN

und andere Geschichten

Nacherzählt von Rolf Toman
Illustriert von Seobhan Hope

Text: Rolf Toman
Illustrationen: Seobhan Hope
Cover: Beate Lennartz
Gesamtherstellung: Ullmann Medien GmbH,
Rolandsecker Weg 30, 53619 Rheinbreitbach
ISBN 978-3-7415-2770-8
10 9 8 7 6 5 4 3 2 1
www.ullmannmedien.com

ULLMANN

Inhalt

Das Pferd und der Esel

Ein Bauer trieb sein Pferd und seinen Esel zum Markt. Beide Tiere trugen gleich schwere Last auf dem Rücken. Als sie schon eine gute Strecke des Weges gegangen waren, fühlte der Esel, dass seine Kräfte nachließen.

„Liebes Pferd“, sprach der Esel, „meine Kräfte schwinden. Du bist viel größer und stärker als ich und musst doch nur die gleiche Last tragen. Sei so gut und nimm mir einen Teil meines Gepäcks ab, sonst breche ich bald zusammen.“ Hartherzig schlug ihm das Pferd seine Bitte ab: „Meine Last ist mir schwer genug, ich kann dir nicht helfen. Schau zu, wie du durchhältst!“ Keuchend schleppte sich der Esel weiter, bis er nicht mehr konnte und endlich erschöpft zu Boden fiel. Vergeblich schlug der Herr auf den Esel ein, der sich nicht mehr bewegte. Wie denn auch? Er war tot!

So blieb dem Bauer nichts anderes übrig, als das Gepäck des Esels dem Pferd aufzuladen. Und um von seinem toten Esel noch etwas Brauchbares zu retten, zog er diesem das Fell ab und legte es dem hoch beladenen Pferd noch oben drauf. Zu spät bereute das Pferd seine Hartherzigkeit: „Es wäre mir ein Leichtes gewesen, dem Esel einen Teil seines Gepäcks abzunehmen und ihn damit vor dem Tod zu retten. Jetzt hab ich nicht nur seine Gesellschaft verloren, ich muss auch noch seine ganze Last tragen und seine Haut obendrein.“ – Späte Einsicht!

Hilf zur rechten Zeit, wenn es nötig ist und wo du helfen kannst! Dem Nachbarn, dessen Haus in Brand steht, steh bei, sein Haus zu löschen, ehe das Feuer auch das Dach deines eigenen Hauses ergreift!

Die Stadtmaus und die Landmaus

Eine Landmaus hatte ihre Freundin, die Stadtmaus, zu sich eingeladen und empfing sie in ihrer einfachen Wohnung, einem geräumigen Erdloch. Um ihre bescheidene Küche vor der verwöhnten Städterin zu verbergen, hatte sie alles herbeigeschafft, was das Landleben Gutes anzubieten hatte. Da waren frische Erbsen, getrocknete Traubenkerne, Getreidekörner und auch ein Stückchen Speck, wovon die Landmaus nur bei außergewöhnlichen Gelegenheiten aß. Mit großer Zufriedenheit überschaute sie ihre gedeckte Tafel und ermunterte ihre Freundin, von den dargebotenen Speisen ordentlich zu nehmen.

Aber die Stadtmaus, an die vielen Leckereien in ihrem Haus gewöhnt, beroch und benagte die Speisen nur ein wenig und tat der Höflichkeit halber so, als wenn es ihr schmeckte. Dabei ließ sie ihre Gastgeberin doch spüren, dass die Speisen nicht wirklich ihrem Geschmack entsprachen. „Du bist ein rechter Dummkopf", sprach sie zu ihr, „dass du hier draußen so kümmerlich dein Leben fristest, während du es in der Stadt so glänzend führen könntest wie ich. Komm mit mir in die Stadt unter Menschen, dort hast du Vergnügen und Überfluss!"

Die Landmaus war bald entschlossen und machte sich zum Mitgehen bereit. Schnell hatten sie die Stadt erreicht. Die Städterin führte ihre arme Freundin in einen Palast, in dem sie sich hauptsächlich aufzuhalten pflegte. Sie gingen gleich in den Speisesaal, wo sie noch köstliche Reste eines mehrgängigen Abendessens vorfanden. Die Stadtmaus ließ ihre Freundin auf einem prachtvollen Sessel Platz nehmen und servierte ihr die besten Happen von den leckeren Speisen. Sie musste die Landmaus nicht lange auffordern, diese verschlang mit einem wahren Heißhunger die ihr dargereichten Leckerbissen.

Ganz entzückt war sie davon und wollte eben in Lobsprüche ausbrechen, als sich plötzlich die Flügeltüren öffneten und eine Schar Diener und dazu zwei Katzen hereinkamen, um sich über die Reste des Mahles herzumachen. Bestürzt flohen die beide Freundinnen, und die Landmaus, unbekannt in dem großen Haus, rettete sich nur mit Mühe hinter einen Schrank in einer Ecke des Speisesaals. Kaum hatte sich die Dienerschaft entfernt, kroch sie zitternd aus ihrem Versteck hervor und sprach zu ihrer Freundin: „Leb wohl! Einmal und nie wieder! Lieber will ich meine ärmliche Nahrung in der Ruhe meines Landlebens genießen als hier von den feinsten Speisen zu essen, wenn ich dabei um mein Leben fürchten muss."

Genügsamkeit und Zufriedenheit machen glücklicher als Reichtum und Überfluss unter großen Sorgen.

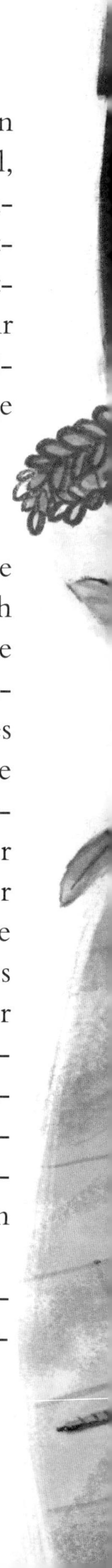

Der Adler und der Fuchs

Ein Adler wohnte in einem Nest auf einer hohen Eiche, und der Fuchs hatte sein Loch unten an derselben Eiche. Aus dieser Nachbarschaft entwickelte sich eine Freundschaft. Aber ach, wie wenig aufrichtig war diese Freundschaft!

Als der Fuchs eines Abends auf Raub ausging, hatte der Adler gerade an diesem Tag keine Beute finden können, sodass seine Jungtiere nichts zu fressen bekamen. Er war nun der Meinung, dass der Hunger ihn berechtige, jede Rücksicht auf die Freundschaft zum Fuchs zu vergessen. Er stürzte sich auf die Füchslein, die unten neben der Eiche spielten, trug sie in seinen Horst und verschlang sie mit seinen Jungen. Ein leckeres Mal für diese und für ihn selbst! Kaum war der Fuchs zurückgekehrt, als er seine Kleinen sogleich vermisste und ahnte, wer sie davongetragen hatte.

Wütend über diese Verletzung der Freundschaft und von seinem Schmerz getrieben, stieß er viele Schmähungen gegen seinen früheren Freund aus, der nun sein ärgster Feind geworden war. Und weil er sonst kein Mittel sah, sich zu rächen, flehte er um den Beistand der Götter, dass der Adler bald für seine üble Tat bestraft werde.

Ruhig, mit höhnischer Miene schaute der Adler auf den erbitterten Fuchs herab und ahnte nicht, dass ihn schon bald die verdiente Strafe ereilen würde.

Und das kam so: In der Nachbarschaft fand ein Fest statt, bei dem die Landleute ihren Göttern opferten. Als die Eingeweide der Opfertiere angezündet wurden, flog der Adler hinzu, raubte nach seiner Gewohnheit ein Stück der dargebrachten Gaben und trug es in sein Nest. Er bemerkte dabei nicht, dass an dem geraubten Stück glimmende Asche hängengeblieben war. Sein Horst fing Feuer, und da gerade ein kräftiger Wind blies, so war das Nest bald von den Flammen niedergebrannt. Seine halb gebratenen Jungtiere fielen zu Boden, und der Fuchs verzehrte sie vor den Augen des Adlers.

So wurde der Verbrecher mit demselben Leid bestraft, das er einem anderen zugefügt hatte.

Der Fuchs und der Storch

Ein Fuchs hatte einen Storch zu Gast gebeten und setzte ihm die leckersten Speisen vor, aber nur auf ganz flachen Schüsseln, aus denen der Storch mit seinem langen Schnabel nichts fressen konnte. Gierig fraß der Fuchs alles allein, obgleich er den Storch unaufhörlich bat, es sich doch schmecken zu lassen.

Der Storch fühlte sich betrogen, blieb aber heiter, lobte außerordentlich die Bewirtung und bat seinen Freund bald darauf ebenfalls zu Gast. Der Fuchs ahnte wohl, dass der Storch sich rächen wollte, und wies die Einladung ab. Der Storch ließ aber nicht nach, ihn zu bitten, und da willigte der Fuchs endlich ein.

Als er nun am nächsten Tag zum Storch kam, fand er alle möglichen Leckerbissen aufgetischt, aber nur in langhalsigen Behältern. „Folge meinem Beispiel", rief ihm der Storch zu, „und fühl dich ganz wie zu Hause." Und er schlürfte mit seinem Schnabel ebenfalls alles allein, während der Fuchs zu seinem größten Ärger nur das Äußere der Behälter belecken konnte und zum Genuss nur das Riechen hatte.

Hungrig stand er vom Tisch auf und gab zu, dass ihn der Storch für sein eigenes Verhalt angemessen bestraft habe.

Was du nicht willst, dass man dir tu,
das füg auch keinem andern zu.

Das Ferkel und die Schafe

Ein kleines Schwein war aus seinem Gehege entlaufen und mitten in eine Schafherde geraten. Da kam der Schäfer herbei, packte das Ferkel, sodass es strampelte und quiekte. Da beschwerten sich die Schafe über sein Geschrei und sagten: „Uns packt der Schäfer auch des Öfteren. Machen wir aber deswegen einen solchen Lärm?" – Da antwortete das Ferkel: „Es ist doch wohl ein Unterschied, wenn er euch packt oder mich! Euch will er an die Wolle oder an die Milch, bei mir lockt ihn mein Fleisch." – Die Geschichte will sagen: Es ist ein Unterschied, ob es um Besitz oder um Leib und Leben geht.

Die Ameise und die Grille

Eine Grille genoss den Sommertag und zirpte aus Leibeskräften, als eine Ameise an ihr vorbeikam. Sie rollte ein großes Maiskorn vor sich her und lenkte es mit ihren Voderbeinchen zu ihrem Ameisenbau. Alle paar Zentimeter hielt sie inne, um einen Moment zu verschnaufen. „Warum quälst du dich so ab?“, fragte die Grille, „mach doch mal eine Pause, dann können wir gemeinsam musizieren.“

„Dazu habe ich keine Zeit“, antwortete die Ameise, „ich muss Vorräte für den Winter sammeln. Das würde ich an deiner Stelle auch tun.“ – „Winter? Was kümmert mich jetzt der Winter“, entgegnete die Grille. „Jetzt ist Sommerzeit, und es gibt Nahrung in Hülle und Fülle.“ Da setzte die Ameise ihren beschwerlichen Weg fort und kümmerte sich nicht mehr um die Grille. Die musizierte munter weiter.

Nach ein paar Monaten kam der Winter. Die Grille hatte keinen Wintervorrat angelegt und fand kaum noch etwas zu fressen. Schließlich hatte sie solchen Hunger, dass sie zum Ameisenbau ging und dort um etwas Nahrung bat. Da kam die fleißige Ameise hervor, die ihr im Sommer begegnet war, und belehrte sie: „Wer den ganzen Sommer musiziert und keine Vorsorge trifft, der muss im Winter hungrig ins Bett gehen.“ Und damit zog sich wieder in den Bau zurück.

Die Hündin mit dem Fleisch

Eine Hündin überquerte einen Bach über einen Steg. Dabei trug sie ein Stück Fleisch im Maul. Als sie ihr eigenes Spiegelbild im Wasser sah, glaubte sie, dort eine andere Hündin mit einem noch größeren Stück Fleisch zu sehen. Da ließ sie das eigene Stück fallen, um der anderen Hündin ihr Stück wegzuschnappen. So kam es, dass sie am Ende ohne Fleisch weiterziehen musste: Ihr eigenes hatte sie verloren, es trieb mit der Strömung des Flusses davon. Und an das andere kam sie nicht heran, weil es gar nicht wirklich existierte – es war ja nur ein Spiegelbild gewesen.

Der Löwe und der Hase

Ein Löwe fand einen schlafenden Hasen und wollte ihn fressen. Da sah er eine Hirschkuh vorbeilaufen, die er als Beute verlockender fand. Er ließ den Hasen liegen und verfolgte die Hirschkuh. Vom Lärm der Jagd aufgeweckt, erkannte der Hase die Gefahr und brachte sich eilig in Sicherheit. Der Löwe verfolgte die Hirschkuh eine weite Strecke, konnte sie aber nicht erwischen. Ärgerlich kehrte er zu dem Platz zurück, an dem er den schlafenden Hasen gefunden hatte. Doch der war weg, der Platz war leer. Da sprach der Löwe zu sich selbst: „Das geschieht mir recht. In der Hoffnung auf größere Beute ließ ich die Beute liegen, die mir bereits sicher war."

Der Fuchs und die Trauben

Eine Maus und ein Spatz saßen an einem Herbstabend unter einem Weinstock und plauderten miteinander. Auf einmal zwitscherte der Spatz seiner Freundin zu: „Versteck dich, der Fuchs kommt!“, und flog rasch hinauf ins Laub.

Der Fuchs schlich sich an den Weinstock heran, seine Blicke sehnsüchtig auf die dicken, blauen, überreifen Trauben gerichtet. Vorsichtig spähte er nach allen Seiten. Dann stützte er sich mit seinen Vorderpfoten gegen den Stamm, reckte kräftig seinen Körper empor und wollte mit dem Maul ein paar Trauben erwischen. Aber sie hingen zu hoch.

Er ärgerte sich darüber und versuchte es noch einmal. Diesmal sprang er höher, doch wieder konnte er die dicken Trauben nicht erreichen. Auch sein dritter Versuch blieb vergeblich. So gierig schnappte er nach den Trauben und streckte sich dabei so sehr, dass er schließlich auf den Rücken fiel.

Der Spatz, der ihm dabei zugesehen hatte, konnte nicht länger an sich halten und zwitscherte belustigt: „Herr Fuchs, Ihr wollt zu hoch hinaus!“

Auch die Maus lugte aus ihrem Erdloch und piepste: „Gib dir keine Mühe, die Trauben bekommst du nie.“ Und huschte dann schnell zurück in ihr Versteck.

Der Fuchs rümpfte die Nase, tat, als wäre nichts geschehen, und antwortete hochmütig: „Sie sind mir noch nicht reif genug, saure Trauben mag ich nicht.“ Dann stolzierte er mit erhobenem Haupt in den Wald zurück.

Die Fledermaus und die Katze

Eine Fledermaus fiel zu Boden und wurde von einer Katze erwischt. Sie flehte die Katze um Gnade an, doch diese antwortete: „Es geht nicht anders, ich muss dich fressen, denn alle geflügelten Lebewesen gehören zu meinem Speiseplan." Da entgegnete die Fledermaus: „Ich bin aber doch gar kein Vogel, sondern eine Maus!" Da ließ die Katze sie frei. Ein paar Tage darauf geriet die Fledermaus wieder in die Krallen einer Katze und bat darum, verschont zu werden. Die Katze erklärte: „Ich bin die Feindin aller Mäuse, also werde ich auch dich fressen." – „Ich bin aber doch gar keine Maus, sondern eine Fledermaus", antwortete die Fledermaus. Auch dieses Mal kam sie mit dem Leben davon. – Das ist der Vorteil, wenn man einen doppeldeutigen Namen hat.

Der verwundete Wolf und das Schaf

Ein Wolf war von einem Hund gebissen worden. Die Wunde schmerzte so sehr, dass er sich kaum bewegen konnte. Da kam ein Schaf des Weges. Der Wolf bat es um Unterstützung: „Wenn du mir aus dem nahen Fluss einen Schluck Wasser besorgen würdest, wäre mir das eine große Hilfe. Danach werde ich wieder in der Lage sein, mich selbst um Nahrung zu kümmern.“ Das Schaf entgegnete: „Wenn ich dir mit dem Wasser helfen würde, wäre das mein eigener Schaden. Anschließend würdest du mich fressen.“ – Traue nicht jedem gleich über den Weg, auch nicht, wenn er schwach ist. Nicht selten vergessen Übeltäter die Dankbarkeit, wenn sie wieder zu Kräften gekommen sind.

Das Kamel, der Elefant und der Affe

Als die Tiere einmal einen König wählen wollten, traten das Kamel und der Elefant vor, um sich für dieses Führungsamt zu bewerben. Das Kamel betonte seine Größe und Ausdauer, der Elefant seine Stärke, womit sie ihren Vorrang vor den übrigen Tieren behaupteten. Da war der Affe aber ganz anderer Meinung: „Ich halte beide für ungeeignet. Das Kamel ist viel zu friedfertig und kennt keinen Zorn, nicht einmal auf Übeltäter. Und beim Elefanten kann es passieren, dass er sich schon von einem Schweinchen in die Flucht schlagen lässt.

Der Esel und der Schoßhund

Ein Bauer hatte einen Esel und einen Schoßhund. Beiden ging es gut bei ihm. Der Esel hatte einen schönen Stall, bekam jeden Tag frisches Heu und reichlich Wasser. Dafür musste er Tag für Tag auf dem Feld arbeiten und sich Futter und Pflege redlich verdienen.

Der Schoßhund hatte es besser als der Esel: Er durfte im Haus des Bauern wohnen und die Reste vom Tisch fressen. Im Übrigen brauchte er nicht viel zu tun. Die einzige Gegenleistung, die er erbringen musste, bestand darin, auf dem Schoß des Bauern zu liegen und mit dem Schwanz zu wedeln. Das stellte den Bauern zufrieden. Den Esel aber machte es eifersüchtig. Da kam ihm in den Sinn, dass es an der Zeit sei, einmal ei-

nen Rollentausch vorzunehmen. „Wenn ich mich ebenso benehme wie der Hund“, dachte der Esel bei sich, „hat er mich vielleicht auch so lieb wie ihn.“

Am nächsten Tag wollte der Esel seinen Plan umsetzen. Er streifte sein Zaumzeug ab, das ihm der Knecht angelegt hatte, um ihn aufs Feld zu führen. Dann lief er schnurstracks in die Küche. Der Bauer saß gerade am Tisch und verzehrte sein Mittagessen. Da begann der Esel so heftig mit dem Schwanz zu wedeln wie der Hund. Das Ergebnis war weniger erfreulich: Sein Schwanz streifte das Geschirr auf dem Tisch und fegte es zu Boden, sodass es zerbrach. Danach wollte er auf den Schoß des Bauern steigen, was ebenfalls missglückte. Der Bauer erschrak und fiel mit seinem Stuhl um. Auf dem Boden liegend, rief er um Hilfe. Da kamen seine Knechte herbeigelaufen, ergriffen den Esel und zerrten ihn nach draußen.

Versuche nicht, für andere jemand zu sein, der du nicht bist.

Der Hahn und der Diamant

Ein hungriger Hahn scharrte auf einem Misthaufen nach Nahrung und fand einen Diamanten. Missmutig stieß er ihn beiseite und sprach: „Was nützt einem Hungrigen ein kostbarer Stein; sein Besitz macht wohl reich, aber nicht satt. Wie gerne würde ich diesen Schatz für ein paar Gerstenkörner hergeben."

Das Stücklein Brot, das dich ernährt,
ist mehr als Gold und Perlen wert.

Der Haushahn und die Mägde

Ein altes Hausmütterchen pflegte die Gewohnheit, ihre Mägde jeden Morgen beim ersten Hahnenschrei zu wecken.

Über dieses frühe Aufwecken und Aufstehen ärgerten sich die Mägde. „Wenn nur der Hahn nicht mehr wäre“, sagten sie, „so könnten wir länger schlafen.“ Um ihre Ruhe zu haben, schnappten sie sich den Hahn und verkauften ihn heimlich. Aber wie sehr wünschten sie ihn danach ins Leben zurück; denn seitdem er nicht mehr da war, wurden sie noch früher geweckt: Das Hausmütterchen schlief nur wenig und wurde jede Nacht um Mitternacht wach. Und weil ihr Hahn als Wecker fehlte, weckte sie die Mägde schon zu dieser mitternächtlichen Zeit.

Man sucht oft kleinen Unannehmlichkeiten zu entgehen und kommt in noch größere.

Der Löwe, der Fuchs und der Esel

Ein Löwe, ein Fuchs und ein Esel gingen miteinander auf die Jagd. Sie hatten verabredet, den Raub zu gleichen Teilen unter sich zu verteilen. Ihre Jagd war erfolgreich, ihre Beute groß. Der Löwe befahl dem Esel, die Teilung vorzunehmen. Das tat er wie vereinbart, also jeder bekam den gleiche Anteil. Dann bat er den Löwen zu wählen. Dieser geriet in Zorn und zerriss den Esel. Dann forderte er den Fuchs auf, eine neue Teilung vorzunehmen. Der Fuchs häufte alles zusammen, legte den toten Esel obenauf und erbat sich nur ein Weniges für seine Mühe.

„Gut, mein Freund", sagte der Löwe, „aber sage mir doch, wer hat dich gelehrt, so schön zu teilen?"

„Das Schicksal des Esels", antwortete der Fuchs.

Unfälle und Missgeschicke der Mitmenschen sollen uns klüger machen.

Der Löwe und das Mäuschen

Ein Mäuschen lief über einen schlafenden Löwen. Da erwachte der Löwe und packte es mit seinen mächtigen Tatzen.

„Verzeihe mir meine Unvorsichtigkeit", flehte das Mäuschen, „ich habe dich nicht stören wollen. Schenke mir mein Leben. Ich will dir ewig dafür dankbar sein."

Der Löwe ließ das Mäuschen frei und dachte lächelnd bei sich: Wie will wohl ein Mäuschen einem Löwen dankbar sein?

Kurze Zeit darauf hörte das Mäuschen in seinem Loch das Gebrüll eines Löwen, lief neugierig zu der Stelle, woher das Gebrüll kam, und fand ihren hilflosen Wohltäter in einem Netz gefangen. Sogleich machte sie sich an die Arbeit, einige Knoten des Netzes durchzunagen, sodass der Löwe mit seinen Tatzen das übrige Netz zerreißen konnte. So bedankte sich das Mäuschen für die Großmut, die ihm der Löwe erwiesen hatte.

Selbst unbedeutende Menschen können bisweilen Wohltaten mit Großem vergelten, darum behandle auch den Geringsten nicht hochmütig.

Der Ziegenhirte und die wilden Ziegen

Ein Hirte hatte seine Ziegen auf die Weide getrieben. Als er am Abend feststellte, dass sich wilde Ziegen unter seine Herde gemischt hatten, trieb er alle Tiere zusammen in seine Höhle. Am nächsten Tag kam ein Unwetter auf, und er konnte die Ziegen nicht wie gewöhnlich auf die Weide treiben. Er versorgte sie also in der Höhle. Seinen eigenen Ziegen gab er gerade so viel zu fressen, wie sie benötigten. Den fremden, zugelaufenen Ziegen aber gab er mehr und besseres Futter, damit sie zutraulich würden.

Als sich das schlechte Wetter verzogen hatte, konnte er die Tiere wieder auf die Weide treiben. Die wilden Ziegen blieben aber nicht dort, sondern liefen einfach wei-

ter in die Berge. Da wurde der Hirte ärgerlich und warf ihnen Undankbarkeit vor: „Obwohl ich euch so gut versorgt habe, macht ihr euch davon.“ Da drehten sich die beschimpften Ziegen um und sagten: „Gerade deswegen sind wir besonders vorsichtig. Denn wenn du uns, die wir dir gestern zugelaufen sind, besser versorgst als deine eigenen Tiere, die schon lange bei dir sind, fürchten wir bald ein ähnliches Schicksal: Blieben wir bei dir und liefen dir früher oder später weitere Ziegen zu, würdest du diese dann auch vorziehen und uns vernachlässigen.“

Man sollte sich also nicht über die Freundschaft von jemandem freuen, der uns als neue Freunde alten Freunden vorzieht. Es könnte uns eines Tages ebenso ergehen, wenn die so gewonnene Freundschaft in die Jahre gekommen ist.

Die kluge Ameise

Es war einmal ein Kamel, das mühte sich durch den Wüstensand, bis es zu einer Oase kam. Da sah es vor sich auf der Erde eine Ameise. Die trug zwei Halme, die viel größer und schwerer waren als sie selbst. Das Kamel, das als Lastentier selbst so manches Gepäck auf dem Rücken tragen musste, fragte die Ameise: „Woher hast du nur die Kraft und die Ausdauer, Dinge zu schleppen, die vielfach schwerer sind als du selbst, kleine Ameise? Und du scheinst dabei deine Arbeit mit Freude und Lust zu verrichten. Mir werden schon die paar Säcke schwer, die man mir auflädt. Und manchmal wird mir jeder weitere Schritt durch den Wüstensand zur Plage. Kannst du mir das erklären?"

„Das ist ganz einfach zu erklären", antwortete die Ameise dem großen Kamel. „Ich arbeite für mich und aus freien Stücken, du aber arbeitest für deinen Herrn. Das ist der große Unterschied!" Dann packte sie ihre Halme und ging weiter. Das Kamel schaute ihr nach, machte ein dummes Gesicht und dachte: „Die Ameise hat vollkommen recht. Sie arbeitet für sich selbst, ich dagegen nicht!"

Der Esel und der Wolf

Ein Esel graste friedlich auf einer Wiese, als ein hungriger Wolf daherkam. An seinem Blick sah der Esel, dass Gefahr von ihm drohte, und er fing an zu hinken. „Was ist denn mit deinem Fuß los?", fragte der Wolf den Esel. „Ich bin in einen Dorn getreten, der schmerzt so sehr, dass ich hinken muss. Wenn du mich fressen willst, rate ich dir, mich vorher von dem Dorn zu befreien. Denn sonst sticht er dir in die Kehle und bleibt dort stecken!" – „Da hast du recht, das sollte ich machen", sagte der Wolf. „Heb mal deinen Fuß hoch, damit ich mir die Sache ansehen kann."

Der Esel hob den Fuß und der Wolf beugte sich darüber. Da schlug der Esel ihm mit einem Huftritt kräftig ins Gesicht, dass es nur so krachte. Der Wolf spuckte ein paar zerbrochene Zähne aus und blutete aus der Schnauze. „Das geschieht mir recht", sagte er zu sich selbst. „Ich habe gelernt, wie man Tiere frisst, nicht, wie man sie heilt!"

Der Fuchs und der Ziegenbock im Brunnen

Ein Fuchs war in einen Brunnen gefallen und konnte nicht mehr hinaus. Da trat ein durstiger Ziegenbock an den Brunnen, sah den Fuchs und fragte, ob das Wasser gut sei. Der Fuchs war froh, dass er einen Helfer gefunden hatte, und lobte das Wasser über die Maßen. Der Ziegenbock solle nur herunterkommen, um sich selbst zu überzeugen. Dieser war so durstig, dass er nicht lange überlegte und gleich zu dem Fuchs in den Brunnen sprang.

Als er seinen Durst gelöscht hatte und bemerkte, dass er den Brunnenrand nicht erreichen konnte und folglich gefangen war, überlegte er mit dem Fuchs, wie sie sich aus ihrer misslichen Lage befreien könnten. Der Fuchs hatte eine Idee: „Wenn du dich auf deine Hinterbeine stellst und ich an dir emporklettere, wäre es wohl möglich, den Brunnenrand zu erreichen. Danach könnte ich dich dann von oben herausziehen.“ Der Ziegenbock war einverstanden und stellte sich mit den Vorderfüßen aufrecht gegen die Brunnenwand. Der Fuchs kletterte über seinen Rücken nach oben, erreichte über die aufgereckten Hörner des Ziegenbocks den Brunnenrand und konnte sich emporziehen und aus dem Brunnen steigen. Kaum hatte er sich selbst befreit, wollte er sich davonmachen. Der Ziegenbock bemerkte das und beschimpfte den Fuchs wütend und lautstark, weil der ihre Vereinbarung nicht einhalten wollte. Da kehrte der Fuchs um, beugte sich über den Brunnenrand und sprach zum Ziegenbock: „Wenn du nur halb so viel Verstand hättest wie Haare an deinem Bart, wärest du nicht in den Brunnen gesprungen, ohne vorher zu überlegen, wie du wieder aus ihm herauskommst.“

So sollte man stets die möglichen Folgen seines Handelns bedenken, bevor man etwas tut.

Das Schwein, die Ziege und der Hammel

Eine Ziege, ein Hammel und ein fett gemästetes Schwein wurden gemeinsam auf einem Karren zum Markt gefahren. Die Ziege reckte ihren Hals und schaute neugierig in die Landschaft. Der Hammel hing seinen Gedanken nach. Nur das Schwein war aufsässig und fand keinerlei Freude an diesem Ausflug. Es schrie so entsetzlich, dass es dem gutmütigen Hammel schließlich zu viel wurde: „Warum machst du denn

so einen Lärm? Man kann dabei ja keinen vernünftigen Gedanken fassen."

Auch die Ziege schimpfte mit dem Schwein und meckerte: „Hör endlich auf mit dem albernen Gezeter und benimm dich anständig! Schau dir doch die herrlichen grünen Wiesen an und sei dankbar, dass du gefahren wirst und nicht zu Fuß gehen musst."

„Dumme Ziege, blöder Hammel", entgegnete das Schwein, „ihr haltet euch wohl für besonders klug und gebildet, dass ihr mir Vorschriften machen wollt. Glaubt ihr denn, dass der Bauer uns hier zu unserem Vergnügen herumkutschiert? Hättet ihr nur ein Fünkchen Verstand, dann wüsstet ihr, was uns erwartet. Bestimmt denkst du, Ziege, man will auf dem Markt nur deine Milch verkaufen. Und du, dummer Hammel, glaubst vielleicht, dass man es nur auf deine Wolle abgesehen hat. Ich aber für meinen Teil weiß ganz genau, warum man mich so lange mit gutem Futter vollgestopft hat. Weil man mich schlachten und verspeisen will. Lasst mich also um Hilfe schreien, solange ich es noch kann!"

„Wenn du schon schon so klug und verständig bist", rief die Ziege zornig, weil das Schwein sie beunruhigt und ihr die schöne Fahrt verdorben hatte, „dann höre auch auf zu jammern! Du weißt, was dir bevorsteht. Was hilft dir da noch das Weinen und Klagen, wenn du eh nichts mehr daran ändern kannst?"

Der Wolf und die drei Ziegenböcke

Ein einsamer Wolf hatte es satt, immer um die Schafherden herumzustreifen und zu warten, bis er ein krankes oder lahmes Schaf fand, das er fressen konnte. Mehrmals war er von den großen Hütehunden der Schafherden angegriffen und in die Flucht getrieben worden. „Ich muss mir etwas Neues einfallen lassen, um satt zu werden. Aber was?“, fragte er einen Fuchs. „Du könntest es machen wie ich“, sagte dieser. „Ich jage nur Hühner und Gänse. Die sind zwar meist eingezäunt, werden aber selten von großen Hunden bewacht.“ Der Wolf antwortete, er wollte darüber nachdenken.

Nachdem er den Fuchs verlassen hatte, ging er nachdenklich über eine große Wiese auf den Wald zu, wo er sich eine Höhle als Behausung eingerichtet hatte. Auf dem Weg dorthin kam er zu einem Bach, über den eine hölzerne Brücke führte. Die hatte er schon häufiger benutzt. Dieses Mal machte er hier Rast und legte sich am Ufer des Baches in den Schatten, um dort ein wenig auszuruhen. Er lag noch eine Weile wach und bemerkte, dass immer wieder Tiere vorbeikamen, die über die Brücke auf die andere Seite gelangten. Mal war es ein Hase, dann ein Reh, ein Wildschwein und andere Tiere mehr. Da hatte der Wolf plötzlich eine Idee: „Ich werde die Brücke benutzen, um hier Tiere abzufangen, die in meinen Speiseplan passen. Warum soll ich ihnen hinterherjagen, wenn es doch viel einfacher geht.“

Er vergaß seine Müdigkeit und wollte ausprobieren, ob seine neue Idee erfolgreich wäre. Er legte sich hinter einen Baum gleich neben der Brücke und versteckte sich dort im hohen

Gras. Nach einer Weile kam ein Hase auf die Brücke zu und wollte diese überqueren. Denn seine Grube, die er bewohnte, lag auf der anderen Seite des Baches. Als er an dem Baum vorbeiging, hinter dem der Wolf lauerte, schoss dieser aus seinem Versteck hervor, packte den Hasen und fraß ihn auf. „Das war ein guter Anfang“, sagte der Wolf zu sich selbst. „So kann es gerne weitergehen. Aber für heute bin ich satt.“ Er lief weiter in den Wald und legte sich zufrieden in seiner Höhle zur Ruhe.

Am nächsten Tag bezog er wieder Posten an der Brücke und wartete auf den nächsten Leckerbissen, der ihm begegnen würde. Dieses Mal war es ein kleiner Ziegenbock, der die Brücke überqueren wollte. Da stand plötzlich der Wolf vor ihm und schnalzte mit der Zunge. „Warte, warte noch ein Weilchen!“, sprach der kleine Ziegenbock. „Ich bin doch nur ein ganz kleiner Ziegenbock. Von mir wirst du nicht satt. Aber gleich kommt mein Bruder hier vorbei. Der ist größer und dicker als ich, der hat dir mehr zu bieten.“ Da war der Wolf ganz verdutzt über die Ansprache des Böckchens und antwortete: „Wenn es so ist, wie du sagst, will ich auf deinen fetteren Bruder warten. Du kannst gehen.“ Da ging der kleine Ziegenbock munter weiter und ließ es sich auf der saftigen Wiese vor dem Wald gutgehen.

Kaum hatte sich der Wolf wieder hinter dem Baum versteckt, kam tatsächlich ein mittelgroßer Ziegenbock vorbei und wollte über die Brücke. „Das ist der Bruder des kleinen Ziegenbocks“, sagte der Wolf zu sich selbst, „der muss jetzt dran glauben.“ Er stellte sich ihm in den Weg und wollte sich gerade auf ihn stürzen, da begann auch dieser zu sprechen: „Warte, warte nur ein Weilchen. Gleich kommt ein ausgewachsener Ziegenbock hier vorbei, der ist mein Vater. Der hat dir mehr zu bieten als ich. Von dem hast du genug Nahrung für drei Tage. Sei also vernünftig und lass mich weiterziehen!“ Der Wolf überlegte kurz und ließ dann auch diesen mittelgroßen Ziegenbock weiterziehen. Aber beim nächsten, das nahm er sich fest vor, würde er zuschlagen. Den würde er fressen, mit Haut und Haaren, denn inzwischen hatte er ordentlich Hunger.

Wie angekündigt folgte eine Weile später ein großer Ziegenbock mit kräftigen Hörnern. Als sich der Wolf vor ihm aufbaute und ihm den Weg über die Brücke versperrte, wurde dieser zornig und sprach: „Meinen Söhnen magst du Angst eingejagt haben, mir nicht. Geh mir aus dem Weg, sonst ramme ich dir meine Hörner in den Leib!“ Der Wolf wollte sich nicht einschüchtern lassen. Und weil er hungrig war, griff er den Ziegenbock von vorne an. Doch der senkte schnell seinen Kopf, hob ihn auf seine Hörner und schleuderte ihn in die Luft. Als der Wolf auf den Brückenboden fiel, setzte der Ziegenbock nach und stieß ihn ins Wasser. Da blieb dem Wolf nichts anderes übrig, als aus dem Bach zu steigen und pitschnass die Flucht zu ergreifen.

Der große Ziegenbock ging weiter und gesellte sich auf der Wiese zu seinen Söhnen, als wäre nichts geschehen. Der Wolf lag derweil in seiner Höhle, leckte seine Wunden und verwarf die dumme Idee, anderen Tieren am Bach aufzulauern.

Das hässliche Entlein

Nach Hans Christian Andersen

Eine Entenmutter, die in einem Garten auf dem Land wohnte, saß in ihrem Nest und brütete ihre Eier aus. „Dieses Mal scheint es besonders lange zu dauern, bis sie schlüp-

fen“, sprach sie vor sich hin. Vielleicht war sie aber einfach nur etwas ungeduldiger als sonst. Einige Zeit später stand sie auf und schaute nach, ob sich in den Eiern schon etwas regte. Und tatsächlich, hier und da beobachtete sie, wie kleine Schnabelspitzen anfingen, sich durch die Schalen zu arbeiten. Ein glücklicher Moment. Sie ließ die Küken picken, denn das gehörte von Anfang an zu ihren Aufgaben. Am nächsten Tag waren fast alle Küken aus ihrem Ei geschlüpft: „Piep! Piep!“, schallte es mehrstimmig aus dem Nest.

Nur ein etwas größeres Ei lag noch ungeöffnet am Nestrand. Die Entenmutter setzte sich wieder darauf und wärmte es. Da kam eine Nachbarente vorbei und schaute sich den Entennachwuchs an: „Rapp! Rapp!“, grüßte sie die Entenmutter. „Sind alle Kleinen geschlüpft?“ – „Nein“, antwortete diese, „ich sitze hier noch auf einem etwas größeren Ei, aber es tut sich nichts.“ – „Lass mich das Ei anschauen!“, sagte die Nachbarin. Da stand die Entenmutter auf. „Das ist kein Entenei, das ist ein Putenei! Es muss dir jemand zum Ausbrüten ins Nest gelegt haben.“ – „Das glaube ich nicht“, antwortete die Entenmutter, „aber wenn es so sein sollte, muss das Kleine ja auch heraus. Ich bleibe noch etwas auf dem Ei sitzen.“

Die Nachbarente war so freundlich und nahm die gelben Entenküken mit zum nahen Teich, um ihnen das Schwimmen beizubringen. Das ging fast wie von selbst, sie mussten nur ans Wasser geführt werden. In der Zwischenzeit spürte die Entenmutter, dass sich unter ihr etwas tat: Auch das größere Ei wurde nun von innen aufgepickt. Die Entenmutter schaute zu, wie die Eierschale Stück für Stück auseinanderbrach und schließlich ein Entlein dastand, das größer war als die anderen und – erstaunlicherweise – auch etwas anders aussah. Es war grau statt gelb. „Ich werde es mit zum

Wasser nehmen", sprach die Entenmutter, „wenn es sich scheut, ins Wasser zu gehen, wird die Nachbarin recht haben, dann wird es wohl ein Putenküken sein."

Am Teich verhielt sich aber das graue Entlein genauso wie die anderen, gelben Küken. Es gleitete ins Wasser und zog bald vergnüglich seine Bahnen. „Es ist also doch mein eigenes Junges!", sagte die Entenmutter erleichtert. „Es ist zwar etwas größer als die anderen, hält sich aber schön gerade und macht eine gute Figur!" Und sie ging zu ihm und stupste es liebevoll mit dem Schnabel. Die Mutter zog nun mit ihrer ganzen kleinen Entenschar in den Entenhof, wo großer Betrieb herrschte. Dort war Futter ausgestreut worden, und die vielen großen und kleinen Enten eilten hin und her, um ein paar Bröckchen zu ergattern.

Hier ging es dem grauen Entlein gar nicht gut: Es wurde von den anderen Enten zur Seite gedrängt und in die Rippen gepufft. „Schaut euch das hässliche Entlein an!", sprachen einige, „jetzt will auch dieses unschöne Tier hier bei uns aufgenommen und mit verpflegt werden. Dabei haben wir selbst nicht genug zu fressen. Eine ältere Ente kam herbei und biss dem grauen Entlein in den Nacken. Da entrüstete sich seine Mutter und sagte zu der bisswütigen Ente: „Lass mein Junges in Ruhe, es hat doch keinem etwas getan!" Da kam ein Hahn des Weges und spielte sich auf, wie ein Gockel es tut: „Das graue Entlein gehört nicht hierher, es soll gefälligst irgendwo hingehen, wo es zu den anderen passt!" – Das sagte ausgerechnet der Hahn! Was hatte er denn hier im Entenhof zu suchen?

Für das graue Entlein wurde es von Tag zu Tag schlimmer! Es wurde gemieden oder verjagt, nirgends fand es einen Platz, wo es geduldet wurde. Selbst seine Geschwister waren grob zu ihm: „Wenn dich nur endlich die Katze fressen würde!", bekam es von ihnen zu hören. Seine Mutter war darüber bekümmert, tat aber auch nicht mehr das Nötige, um es zu schützen. Da floh das graue Entlein durch den Zaun des Entenhofs, um sich auf der anderen Seite in einem Gebüsch zu verstecken. Kaum war es dort angekommen, da stoben die kleinen Vögel aus dem Gebüsch heraus und erhoben sich in die Luft. Und das Entlein hatte nur den traurigen Gedanken, dass auch diese Vögel vor ihm flohen. Es ging weiter in die Landschaft und kam an ein Moor, wo die Wildenten wohnten. Auch von diesen hörte es: „Du bist hässlich! Hier bei uns kannst du nicht bleiben, such dir einen anderen Platz!"

Der Sommer verging, es kam der Herbst. Das Entlein hatte immer noch keinen Anschluss gefunden. Es war aber im Moor geblieben, weil es sich dort sicherer fühlte als anderswo. Es lebte alleine in einem Versteck. An einem der Herbsttage geriet das

Entlein in eine Jagd auf Wildgänse: Piff! Paff! ertönte es überall, und eine Wildgans nach der anderen fiel vom Himmel. Plötzlich kam ein Jagdhund in die Nähe seines Verstecks. Er schaute das Entlein an, zeigte ihm seine gefährlichen Zähne, drehte sich um und – plitsch, platsch! – trottete er wieder davon, ohne es zu packen. Da dachte das Entlein: „Nicht einmal der Hund mag mich beißen, weil ich ihm zu hässlich bin!"

Am schlimmsten war die Winterzeit, die bald hereinbrach. Da kam zu der Einsamkeit noch die bittere Kälte. Die Wasserstellen, in denen das Entlein schwimmen konnte, wurden immer kleiner und froren zu. Eines Tages war das Entlein mit seinen Füßen in einer Pfütze festgefroren und konnte sich nicht mehr von der Stelle bewegen. Zum Glück kam ein Bauer des Weges, befreite es aus dem Eis und nahm es mit nach Hause. Hier wurde es eine Zeit von der Bäuerin gepflegt und lebte wieder etwas auf.

Eines Abends sah das graue Entlein an den Büschen eines Feldrandes einen ganzen Schwarm herrlicher großer Vögel. „Schau mal, die Schwäne!", hörte es den Bauern zu seiner Frau sagen. „Die brechen jetzt auf, um in wärmere Länder zu fliegen, wo sie offene Seen finden." Die Schwäne breiteten ihre prächtigen langen Flügel aus und erhoben sich in die Luft. Dabei stießen sie Schreie aus, die dem Entlein wie Jubelschreie erschienen. Ihm wurde ganz seltsam zumute! Es fühlte eine solche Sehnsucht nach diesen Tieren, dass es am liebsten mitgeflogen wäre. „Was für ein Gedanke!", sprach das Entlein zu sich selbst. „Es sind so große schöne Vögel, wie sollte ich da jemals mit ihnen fliegen. Ich kann ja schon froh sein, wenn ich irgendwann bei den Enten aufgenommen oder wenigstens geduldet werde."

Dann kam der Frühling. Das Entlein hatte den Winter heil überstanden. Es war größer geworden, und seine Federn waren nun nicht mehr grau, sondern weiß. Auf einmal konnte es auch mit seinen Flügeln viel mehr anfangen: Sie brausten stärker als früher und trugen seinen Körper kräftig davon. Das Entlein erhob sich in die Luft und schaute sich um. Dann flog es zu einem Garten, wo die Apfelbäume blühten. An den Garten schloss sich ein Park an, der von einem Kanal umgeben war. Darauf schwammen drei Schwäne, so weiß und so schön! Da hielt es das Entlein nicht mehr aus und wollte unbedingt ihre Bekanntschaft machen. Als es auf sie zuflog, schaute es nach unten auf das Wasser und sah sich selbst darin gespiegelt. Aber wer war das? – Ein strahlend weißer Vogel mit weiten Schwingen: Das Entlein war – ein Schwan!

Da landete der junge Schwan auf dem Kanal und gesellte sich zu den drei großen Schwänen, die auf dem Wasser schwammen. Er wurde freundlich von ihnen begrüßt: Die großen Schwäne kamen näher und streichelten ihren Neuzugang mit ihren Schnäbeln. Dann kamen auch Kinder an den Kanal und hatten ihre helle Freude: „Schaut mal, ein neuer Schwan! Er ist jünger als die anderen." Und ein anderes Kind sagte: „Ja, er ist jünger, und er ist von allen der Schönste!" Und dann warfen sie Brotstückchen ins Wasser. Der junge Vogel war überglücklich. Niemals hätte er auch nur zu träumen gewagt, dass aus dem hässlichen Entlein je ein so schöner Schwan werden könnte.

Der Fuchs und der Hahn

Ein Hahn saß auf einem hohen Gartenzaun und kündete mit lautem Krähen den neuen Tag an. Ein Fuchs schlich um den Zaun herum und blickte mit Fresslust zu dem fetten Hahn empor. „Einen schönen guten Morgen“, grüßte der Fuchs freundlich, „was für ein herrlicher Tag heute!“

Der Hahn erschrak, als er seinen Todfeind erblickte, und klammerte sich ängstlich an dem Zaun fest.

„Brüderchen, warum bist du böse mit mir?“, fuhr der Fuchs fort. „Lass uns doch endlich Frieden schließen und unsere Feindschaft begraben.“ – Der Hahn schwieg. – „Weißt du denn nicht“, säuselte der Fuchs mit sanfter Stimme, „dass der König der Tiere den Frieden ausgerufen hat? Er hat mich als seinen Boten ins Land geschickt. Komm schnell herunter zu mir, wir wollen unsere Versöhnung mit einem Bruderkuss besiegeln. Aber beeile dich, ich muss diese freudige Nachricht noch vielen anderen mitteilen.“

Der Hahn überwand seine Furcht und sagte sich: „Diesem verlogenen Gauner komme ich nur mit seinen eigenen Waffen bei.“ Und mit gespielter Freude rief er: „Mein lieber Freund, ich bin tief gerührt, dass auch du des Königs Friedensbotschaft verbreitest. Ja, lass uns Frieden schließen. Aber warte noch einen Moment, denn ich sehe gerade, dass noch zwei andere Friedensboten auf uns zueilen. Da können wir ja gleich gemeinsam das glückliche Fest feiern. Du kennst sie recht gut, es sind die Wachhunde des Gutsherrn.“

Kaum hatte der Fuchs diese Kunde vernommen, war er aufgesprungen und eiligst davongerannt. „He, warte doch!“, krähte der Hahn ihm hinterher.“ – „Keine Zeit, ich habe noch sehr viel zu tun“, rief der Fuchs aus der Ferne, „ich hole mir den Friedenskuss ein anderes Mal von dir. Du kannst dich darauf verlassen.“

Da freute sich der Hahn, dass ihm seine List gelungen war. Der Fuchs aber ärgerte sich. Er hatte alles so klug eingefädelt, und gerade in diesem Augenblick mussten seine ärgsten Feinde auftauchen und alles verderben.

Aber wo blieben sie denn nur? Der Fuchs verlangsamte seine Schritte und blickte sich um. Da war niemand, der ihn verfolgte. Er hatte auch kein Bellen gehört. Sollte dieser alte Hahn ihn etwa reingelegt haben? Ausgerechnet dieser dumme, aufgeplusterte Hahn?

Der Fuchs und der Wolf am Brunnen

In einer klaren Vollmondnacht strolchte ein Fuchs durchs Dorf und kam zu einem Ziehbrunnen. Als er hinunterblickte, traute er seinen Augen nicht: Da lag ein großer, runder, goldgelber Käse. Er kniff die Augen zu und öffnete sie wieder. Tatsächlich, es war kein Traum. Der Fuchs besann sich nicht lange, sprang in den Schöpfeimer, der über dem Brunnenrand schwebte, und abwärts ging die Fahrt. Ein zweiter Eimer schaukelte aus der Tiefe empor und schnurrte an ihm vorbei.

Unten angekommen, wollte sich der hungrige Fuchs sofort über den fetten Käse hermachen. Aber was war denn das? Seine Nase stieß in eiskaltes Wasser, der Käse verformte sich und verschwand. Verblüfft starrte der Fuchs ins Dunkel, und langsam kehrte der Käse unversehrt zurück. Jetzt begriff der Fuchs seinen Irrtum. Er hatte das Spiegelbild des Mondes im Wasser für einen Käse gehalten. Wie konnte er nur so schwachköpfig handeln! Nun saß er in der Patsche.

Er schaute zum Brunnen hinauf. Niemand war da, der ihn aus dem tiefen Loch befreien konnte. Nur der Vollmond lächelte ihm hell und freundlich zu. Viele Stunden saß der Fuchs in dem kühlen, feuchten Eimer gefangen und schlotterte vor Kälte und Hunger. Da kam endlich ein Wolf an dem Brunnen vorbei und schaute hinab.

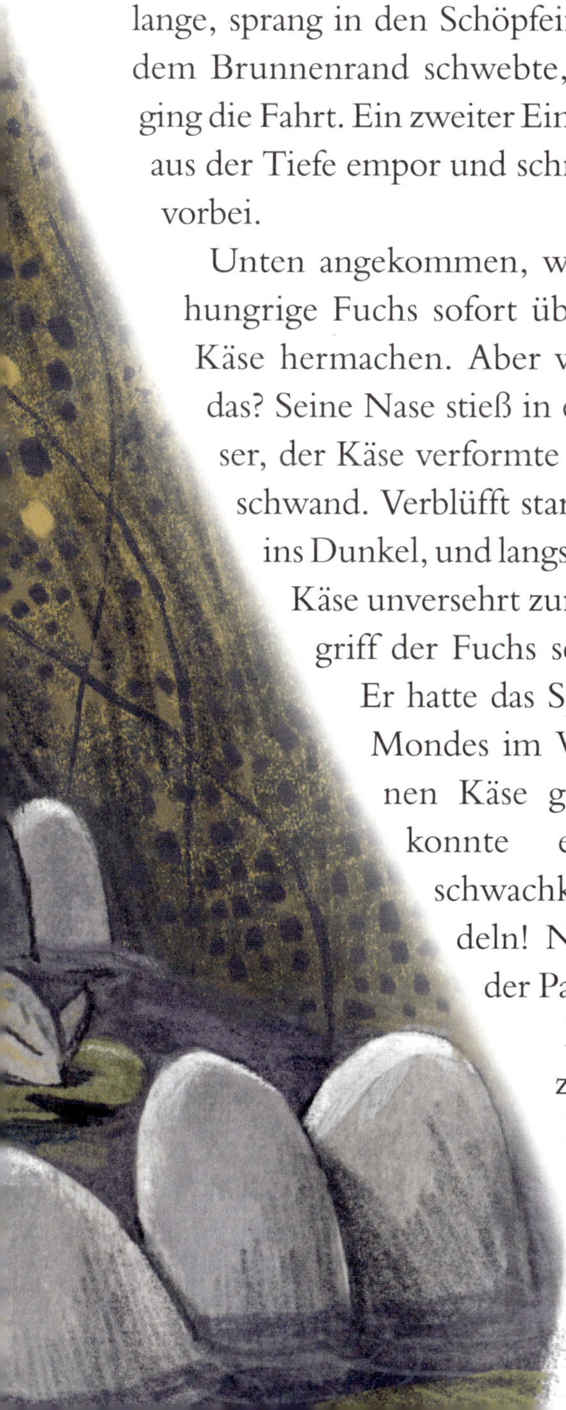

Der Fuchs dachte: „Warum sollte der ewige Nimmersatt klüger sein als ich?" Und mit fröhlicher Stimme rief er ihm zu: „Schau, mein Freund, welch herrlichen Käseschmaus ich hier gefunden habe. Wenn du mein Versteck nicht verrätst, darfst du zu mir herunterkommen und dir auch ein gutes Stück von meinem Käse abbeißen. Den Eimer dort oben habe ich für dich bereitgehalten, mit ihm kannst du zu mir herunterfahren."

Der immer hungrige Wolf leckte sich die Lippen, und seine Augen traten vor Gier hervor; der Käse, den der Fuchs entdeckt hatte, sah wirklich appetitlich aus. Ohne lange zu überlegen, kletterte er in den Eimer. Und da er viel schwerer als der Fuchs war, sauste er hinab in die Tiefe und zog dabei gleichzeitig den Eimer mit dem Fuchs hinauf.

Der Fuchs rettete sich sofort auf sicheren Boden und lachte über den leichtgläubigen Wolf. „Wohl bekomm's!", rief er spöttisch nach unten und eilte davon.

Der Hase mit den Hörnern

An einem schönen Sommermorgen tummelte sich ein Häschen ausgelassen auf einem freien Plätzchen, das von dichtem Buschwerk umgeben war. Hier fühlte es sich sicher. Vergnügt hopste es über ein paar Heidebüschel, sauste übermütig im Kreis umher und wälzte sich mit Wohlbehagen im sonnengewärmten Sand.

Aber plötzlich duckte es sich blitzartig in einer kleinen Erdmulde nieder. Ein Hirsch setzte über die Büsche hinweg, und gleich darauf folgte ein Widder. Danach trampelte auch noch ein schwerer Stier respektlos quer durch das sonnige Morgenreich des kleinen Häschens.

„Unverschämte Bande“, kreischte das Häschen, „mir meinen schönen Morgen so zu verderben!“ Kaum hatte es sich wieder aufgerappelt, sprang eine Ziege über die Sträucher. „Halt!“, schrie das Häschen, „was soll das bedeuten, wo lauft ihr denn alle hin?“

Die Ziege, die immer zu einem Streich aufgelegt war, schaute lange und ernst auf die Ohren des Häschens, dann meckerte sie munter: „Hast du denn noch nicht von dem neuen Gesetz des Königs gehört? Ein wilder Bruder von mir stieß zufällig den Löwen mit seinen prächtig geschwungenen Hörnern in die Seite. Doch der König verstand keinen Spaß und befahl, dass alle Tiere, die Hörner tragen, sein Land verlassen müssten. Wer heute Abend noch hier verweilt, wird mit dem Tod bestraft. Ich muss mich beeilen. Lebe wohl, Meister Langohr.“

„Sonderbar“, dachte das Häschen, das nicht besonders schlau war, „der Löwe treibt seine Beute aus dem Land? Höchst sonderbar.“

Auf einmal fuhr das Häschen zusammen. Jetzt wusste es, warum die Ziege es so seltsam angegafft hatte. Natürlich, das war es. Im Sand erblickte das Häschen die Schatten seiner Ohren. Sie erschienen ihm riesengroß, und es befürchtete, dass der König seine Ohren für Hörner halten könnte.

„Was mach ich nur, was mach ich nur?“, wiederholte der Hasenfuß und zitterte wie Gras im Wind. „Hier bin ich geboren, hier bin ich aufgewachsen, hier kenne ich jeden Grashalm. Ich mag nicht auswandern. Ach, wären meine Ohren doch nur so klein wie die einer Maus.“

Eine Grille hatte die Worte der Ziege vernommen, und als sie nun das dumme Häschen so jammern hörte, lachte sie. „Du dummer Angsthase, die Ziege hat dir nur Hörner aufsetzen wollen. Was du wirklich an deinem Kopf hast, sind doch ganz gewöhnliche Ohren.“

„Hier aber hält man sie für Hörner“, gab das Häschen traurig zur Antwort. „Was hilft es mir, dass ich, du und der liebe Gott wissen, dass es Ohren sind, wenn der Löwe es nicht glaubt." Und ängstlich lief das Häschen fort in ein anderes Land.

Der Hase und die Frösche

Ein Hase saß in seinem Lager und grübelte. „Wer furchtsam ist“, dachte er, „ist eigentlich unglücklich dran! Nichts kann er in Frieden genießen, niemals hat er ein ungestörtes Vergnügen, immer gibt es neue Aufregung für ihn. Ich schlafe vor Angst schon mit offenen Augen. Das muss anders werden, sagt mir der Verstand. Aber wie?“

So überlegte er. Dabei war er aber immerwährend auf der Hut, denn er war nun einmal misstrauisch und ängstlich. Ein Geräusch, ein Schatten, ein Nichts – alles erschreckte ihn schon. Plötzlich hörte er ein leichtes Säuseln. Sofort sprang er auf und rannte davon. Er hetzte bis an das Ufer eines Teiches und stoppte dort. Da sprangen die aufgeschreckten Frösche alle ins Wasser.

„Oh“, sagte der Hase, „sie fürchten sich vor mir! Da gibt es also Tiere, die vor mir, dem Hasen, zittern! Was bin ich doch für ein Held!“

Da kann einer noch so feige sein, er findet immer einen, der sich noch mehr fürchtet als man selbst.

Der Rabe und der Fuchs

Ein Rabe saß auf einem Baum und hielt einen Käse im Schnabel; den wollte er verzehren. Da kam ein Fuchs des Weges, dem der Geruch des Käses in die Nase stieg.
„Ah, guten Tag, Herr von Rabe!", rief der Fuchs. „Wie wunderbar Ihr ausseht! Wenn Ihr Gesang ebenso schön ist wie Ihr Gefieder, dann seid Ihr der Schönste von allen hier im Walde!"

Der Rabe fühlte sich geschmeichelt. Um nun auch seine schöne Stimme hören zu lassen, machte er den Schnabel weit auf – da fiel der Käse hinunter. Der Fuchs schnappte ihn auf und sagte: „Nun, Herr Rabe, habt Ihr eine wichtige Erfahrung gemacht: Ein Schmeichler lebt auf Kosten derer, die ihm auf den Leim gehen. Diese Lehre fürs Leben ist mit einem Käse wohl nicht zu teuer bezahlt."

Der Rabe, bestürzt und beschämt, nahm sich fest vor, sich künftig nicht wieder in dieser Weise hereinlegen zu lassen. Aber für dieses Mal war es zu spät.

Der Kater und die alte Ratte

Ein Mäusevölkchen hatte sich in einer Mühle angesiedelt und führte ein vergnügtes Leben. Gleich neben der Mühle hinter dem Wasserrad hausten ein paar Ratten, die hin und wieder in der Mühle auftauchten, um einige Körner zu stibitzen.

Eines Tages mietete sich ungebeten ein wilder Kater bei dem grauen Trippelvölkchen ein und wütete so mörderisch, dass sich bald keine einzige Maus oder Ratte mehr aus ihrem Loch hinaustraute.

Da griff der böse Jäger zu einer List. Er band ein Seil um seinen Schwanz, ließ sich mit dem Kopf nach unten baumeln und stellte sich tot. Alle Mäuse glaubten, dass der Müller den Bösewicht beim Stehlen von Käse und Fleisch ertappt und zur Strafe aufgehängt hätte. Erfreut schossen sie aus ihren kleinen Verstecken hervor und fielen hungrig über das frische Korn her.

Auf einmal löste der Kater seinen Schwanz aus der Seilschlinge und stürzte sich auf die ahnungslosen kleinen Fresser. Nur wenige von ihnen konnten sich rechtzeitig in ihre Schlupflöcher retten. „Euch erwische ich auch noch!", zischte er grimmig. Die Mäuse und Ratten, die den hinterhältigen Überfall überlebt hatten, waren nun vorsichtiger geworden, und der Kater lauerte vergeblich auf seine Beute.

Eines Abends war der fürchterliche Räuber verschwunden. Er tauchte auch am folgenden Tag nicht wieder auf. Dafür lag am Morgen darauf mitten in der Mühle ein dicker Mehlsack. Das Mehl war herausgerieselt, und ein hoher weißer Haufen breitete sich vor dem Sack aus. Die Mäuse und Ratten schoben zaghaft ihre Nasen aus den Gängen hervor, schnupperten neugierig und zogen sich dann ängstlich wieder zurück. Doch schließlich waren sie davon überzeugt, dass der schreckliche Kater ihr Reich verlassen hatte. Sie wurden mutiger und trippelten vorsichtig auf den großen weißen Haufen zu.

Eine alte, erfahrene Ratte warnte sie: „Geht nicht dorthin. Seit wann streut der Müller euch freiwillig sein Mehl vor die Nase? Hinter diesem Mehlhügel steckt gewiss irgendeine List." Die anderen aber entgegneten ihr: „Keiner hat den Kater seit zwei Nächten mehr gesehen. Bestimmt hat er den hoffnungslosen Kampf mit uns aufgegeben und ist ausgewandert. Wir sind ihm zu klug geworden." Und sie tanzten auf dem Mehlhaufen herum.

Im selben Augenblick bewegte sich der weiße Berg, und der Kater sprang mit einem Ruck auf. Das Mehl sprühte nur so aus seinem Fell. Er war, um seine Opfer zu täuschen, fortgegangen, hatte sich dann am Morgen heimlich im Bach gewaschen und war lautlos in die Mühle zurückgeschlichen. Dort hatte er einen Mehlsack umgerissen und sich gründlich im Mehl gewälzt. Die alte, schlaue Ratte, die dem Frieden nicht getraut hatte, war als einzige diesem tückischen Anschlag entkommen. Sie rief dem Kater zu: „Selbst wenn ich wüsste, dass du tot bist, ich würde mich nicht in deine Nähe wagen.“

Der Rat der Mäuse

Die Mäuse in der Stadt liebten die Scheune des Bäckermeisters Semmelreich sehr, denn dort fanden sie Körner, Mehl und Zucker in Hülle und Fülle. Auch war die Backstube nicht weit von der Scheune entfernt, und die fleißigen Mäuschen hatten sich so manchen Zugang zu diesem verlockenden Raum genagt.

Der Bäckermeister Semmelreich hingegen liebte seine kleinen, gefräßigen Gäste ganz und gar nicht, denn er konnte die vielen angenagten Brote und Kuchen nicht mehr verkaufen. Um die Mäuse loszuwerden, schaffte er sich zwei Katzen an, die den ungebetenen Eindringlingen ein elendes Leben bereiteten. Mit wahrer Leidenschaft jagten sie die kleinen Diebe. Viele von ihnen fanden den Tod, und die meisten, die sich retten konnten, verließen schleunigst Semmelreichs Brotparadies.

Einige Mäuse aber wollten das Körner- und Kuchenreich nicht kampflos aufgeben. Sie versteckten sich gut und erfanden immer wieder neue Tricks, um an die Nahrung heranzukommen. Einmal hatten freche Jungen die beiden Katzen eingefangen, und die Mäuse konnten sich wieder frei bewegen. Sie erkannten die günstige Gelegenheit und nutzten die Zeit. Eine Versammlung wurde einberufen, auf der über

die beiden gefährlichen Jäger beraten werden sollte.

Das älteste Mäuschen stellte sich auf seine Hinterbeine und sprach in ernstem Ton: „Die beiden Katzen versauern uns unser sonst so süßes Leben. Lasst uns gründlich überlegen, wie wir uns von ihnen befreien oder wenigstens die Gefahr vermindern können." Alle Mäuse dachten angestrengt nach und zergrübelten sich ihr Mäusehirn. Sie machten viele Vorschläge – und mussten diese nach reiflicher Prüfung doch wieder verwerfen. Lange hockten sie so beisammen.

Da sprang ein junger Mäuserich auf und verkündete mit seinem Piepsstimmchen: „Ich hab's, ich weiß, wie wir mit diesen gemeinen Jägern fertigwerden." Gespannt schauten ihn alle an. „Es ist ganz einfach! Denkt nur an den Hund des Bäckermeisters, der ein Halsband mit Schellen trägt. Wir binden den beiden Katzen eine Glocke um den Hals, dann können sie uns nicht mehr überraschen. Wir hören immer, wenn sie sich nähern, und können uns rechtzeitig in Sicherheit bringen."

Brausender Beifall brach los, und mit allgemeiner Begeisterung wurde der Vorschlag angenommen. Sofort wurden zwei mutige Mäuschen in den Keller geschickt, denn man hatte dort einmal eine Schachtel entdeckt, worin der Bäckermeister Semmelreich ein altes Halsband von seinem Hund aufbewahrte. Von diesem sollten die beiden wackeren Mäuse zwei Glöckchen abnagen und herbeibringen. Ein dritter

tapferer Mäuserich bot freiwillig an, aus der Backstube zwei Bänder zu besorgen.

Während die drei Helden unterwegs waren, feierten die anderen Mäuse den klugen Mäuseknirps. Sie konnten ihn nicht genug loben, und bald waren sich alle darin einig, dass es nie zuvor einen so weisen Mäuserich gegeben habe und dass man ihn mit hohen Ehren auszeichnen müsse. Gerade hatten sie beschlossen, ihm den großen Brezel-Orden zu verleihen, da hörten sie ein Gebimmel, und die beiden Mäuse zerrten die Glocken herbei. Gleich darauf kam auch der dritte Mäuserich zurück und zog einen langen Strick hinter sich her. „Der genügt für beide", meinte er und zerbiss den Strick in der Mitte.

Der Mäuseälteste hatte die ganze Zeit über geschwiegen und düster vor sich hin gestarrt. Er hatte in seinem Leben schon so viele schlechte Erfahrungen gemacht, dass er ein misstrauischer, verschlossener Mäusegreis geworden war. „Klug ist unser kleiner Held", raunzte er, „das ist nicht zu bestreiten. Er ist der weiseste von uns allen und wird uns jetzt bestimmt noch verraten, wie er diese Warnsignale den beiden großen Jägern um den Hals bindet."

„Wieso ich?", protestierte der kleine Wicht aufgebracht. „Ich hatte bereits eine Idee. Jetzt seid ihr an der Reihe. Strengt euch auch mal an!" Da erhob sich ein wildes Gezeter, alle schrien durcheinander: „Ich habe ein Glöckchen besorgt!" – „Ich

auch!" – „Ich habe den Strick gemopst." – „Ich bin doch nicht lebensmüde!" – „Ich auch nicht." – „Das ist zu gefährlich!" – „Viel zu gefährlich!"

Der kleine Prahlhans zog sich verlegen in seinen Schlupfwinkel zurück. „Passt auf, die Katzen!", rief auf einmal einer, und die Versammlung stob auseinander. „Leeres Gerede", brummte der Mäuseälteste und zog ein Mäusekind am Schwanz in sein Nest, das in der Aufregung sein Loch nicht finden konnte. Fast wäre es einer Katze in die Fänge gelaufen!

„Was nützen die klügsten Worte, wenn man sie nicht in die Tat umsetzen kann."

Die Taube und die Ameise

An einem heißen Sommertag flog eine Taube an einen kleinen, murmelnden Bach. Sie hatte großen Durst und tauchte den Schnabel ins klare Wasser. Der kühle Trunk tat ihr gut. „Wie schön doch das Leben ist“, sprach sie vor sich hin, „für alles ist gesorgt!“ Gleich darauf erblickte sie eine Ameise in Not: Sie strampelte mit ihren Beinchen und bemühte sich verzweifelt, vom Wasser auf festen Boden zu gelangen.

Die Taube überlegte einen Moment, wie sie ihr helfen könnte, knickte einen langen Grasstängel ab und warf ihn der Ameise zu. Flink kletterte diese auf den Halm und krabbelte über die Rettungsbrücke an Land. Die Taube war zufrieden, trank noch ein wenig und ruhte sich auf einem dicken Ast aus, der nahe am Bach lag.

Es dauerte nicht lange, da wurde ihre Ruhe gestört: Ein Junge mit Pfeil und Bogen lief barfüßig am Bachrand entlang und hielt Ausschau nach Jagdbeute. Als er die Taube erblickte, wurde er gleich munter. In seiner Fantasie schmurgelte das Tier schon in der Pfanne. Er spannte seinen Bogen. Die Ameise hatte die Gefahr für die Taube rechtzeitig erkannt, war auf den Fuß des Jägers gekrochen und biß ihm zornig in seinen Fuß. „Au!“, schrie der und schlug nach der Ameise. „Platsch!“, machte es, und der Bogen war ihm ins Wasser gefallen. Dadurch erwachte die Taube und flog eilig davon. Auch die Ameise brachte sich in Sicherheit und war froh, dass sie der Taube, der sie ihre Rettung verdankte, nun ihrerseits hatte helfen können.

Der Adler und die Elster

Der Adler und die Elster, die in Gemüt, Verstand, Sprache und Gefieder völlig unterschiedlich sind, trafen einmal zufällig zusammen. Die Elster war dem Adler unterlegen und fürchtete sich vor ihm. Aber der satt gefressene Adler beruhigte sie und schlug sogar vor, gemeinsam auszufliegen. Er langweilte sich und wollte sich amüsieren. Darum gestattete er der Elster gnädig, ihn zu unterhalten. Die Elster, von Angst getrieben, begann zu schwatzen, was das Zeug hält. Bald fand der Adler sie unausstehlich und schickte sie wieder nach Hause. – Womit die Elster ihr Ziel erreicht hatte.

Der Wolf und das Lamm

Der Starke glaubt immer, dass er recht hat. Das werden wir sogleich sehen: Ein Lamm löschte seinen Durst in einem klaren Bach. Dabei wurde es von einem hungrigen Wolf überrascht. „Wie kannst du es wagen", rief er wütend, „mir meinen Trank zu trüben? Für diese Frechheit musst du bestraft werden!"

„Ach, mein Herr", antwortete das Lamm, „seid bitte nicht böse. Ich trinke ja zwanzig Schritte unterhalb von Euch. Daher kann ich Euch das Wasser gar nicht trüben." – „Du tust es aber doch!", sagte der Wolf. „Und außerdem weiß ich, dass du im vergangenen Jahre schlecht von mir geredet hast." – „Wie soll das denn möglich sein", erwiderte das Lamm, „im vorigen Jahr war ich noch gar nicht geboren!" – „Wenn du es nicht tatest, dann tat es dein Bruder!" – „Ich habe aber keinen Bruder." – „Dann war es eben irgendein anderer aus deiner Familie. Ihr habt es überhaupt immer auf mich abgesehen, ihr, eure Hirten und eure Hunde. Dafür muss ich mich rächen."

Mit diesen Worten packte der Wolf das Lamm und schleppte es in den Wald. Recht hatte er trotz allem nicht gehabt.

Die Bremer Stadtmusikanten

Lange Jahre hatte ein Esel seinem Herrn, einem Müller, treu gedient. Jetzt war er müde geworden, und seine Arbeit fiel ihm zunehmend schwerer. Da sprach der Müller eines Tages vor sich hin: „Ich werde einen jüngeren Esel kaufen müssen, mein alter Lastenträger ist mir zu langsam geworden. Was soll ich nur mit ihm machen? – Ich werde ihn wohl zu einem Schlächter bringen." Der Esel war zwar alt, aber nicht taub. Er hatte gehört, was sein Herr mit ihm vorhatte. „Wer rastet, der rostet", dachte der Esel. „Vielleicht steht mir noch etwas Besseres bevor, als im Stall herumzudösen oder zu Wurst verarbeitet zu werden. Ich gehe nach Bremen. Ich hörte, da werden Stadtmusikanten gesucht." Noch am selben Vormittag machte er sich auf den Weg.

Als er ein Weilchen gegangen war, fand er einen Jagdhund am Wegesrand liegen. Der japste wie einer, der sich völlig verausgabt hatte. „Was ist mit dir los? Willst du da liegenbleiben?", fragte der Esel. „Ach, mir geht's schlecht", klagte der Hund, „weil ich alt bin und jeden Tag schwächer werde, bin ich meinem Herrn nicht mehr gut genug für die Jagd. Er wollte mich heute Morgen erschießen. Da bin ich davongelaufen, so schnell ich nur konnte. Ich habe keine Idee, wie es mit meinem Leben weitergehen soll." – „Mir ging's mit meinem Herrn ebenso wie dir", sprach der Esel. „Ich bin auch abgehauen und gehe nun nach Bremen, um dort Stadtmusikant zu werden. Geh mit mir, zu zweit ist das Leben einfacher!" Der Hund war einverstanden, und so sie gingen zusammen weiter.

Gegen Mittag trafen sie eine Katze. Die machte ein Gesicht, als hätte man ihr den Schwanz abgeschnitten. „Was ist mit dir passiert? Du siehst ja völlig gequält aus!", sagte der Esel. „Wer kann da lustig sein, wenn's einem an den Kragen geht", antwortete die Katze. „Weil ich in die Jahre gekommen bin, meine Zähne stumpf sind und ich lieber hinter dem Ofen sitze, als nach Mäusen zu jagen, hat mich die Bäurin ertränken wollen. Ich bin gerade noch entkommen. Wo soll ich nun hin?" – „Geh mit uns in die Stadt, Musik machen ist besser als Katzenjammer. Wir sind auf dem Weg nach Bremen, um dort Stadtmusikanten zu werden." Die Katze fand den Vorschlag gut und ging mit. Jetzt waren sie zu dritt.

Am Nachmittag kamen die drei an einem Hof vorbei. Auf dem Hoftor saß der Haushahn und schrie aus Leibeskräften. „Dein Geschrei geht einem durch Mark und Bein", sprach der Esel, „ist was passiert, oder machst du nur Theater?" – „Theater? Ich schrei um mein Leben! Mir soll der Hals abgeschnitten werden, die Hauherrin will mich braten! Das hat man nun davon, dass man schönes Wetter ankündigt hat und Gäste eingeladen werden." – „Noch lebst du, Rotschopf, schone deine Stimme und unsere Nerven!", sagte der Esel. „Wir teilen dein Schicksal, auch wir sollten sterben. Das lassen wir uns aber nicht gefallen. Etwas Besseres als den Tod finden wir überall. Wir gehen nach Bremen und werden dort Stadtmusikanten. Schließ dich uns an!" Der Hahn überlegte nicht lange, willigte ein, und nun zogen sie zu viert weiter.

Nachdem sie eine weitere Strecke zurückgelegt hatten und der Abend zu dämmern begann, beschlossen sie, eine Rast einzulegen. „Heute werden wir es nicht mehr bis Bremen schaffen", sagte der Esel, „wir sollten ein Plätzchen aufsuchen, wo wir übernachten können." Nach einer Weile fanden sie ein Wäldchen und richteten sich für die Nacht ein: Der Esel und der Hund legten sich unter einen großen Baum, die Katze kletterte auf einen höher gelegenen Ast, und der Hahn flog gar bis in die Baumspitze, weil er sich dort am sichersten fühlte. Bevor er einschlief, sah er sich noch einmal in alle Richtungen um und erblickte dabei ein Haus, dessen Fenster erleuchtet waren. „Nicht weit von hier steht ein bewohntes Haus. Vielleicht gibt es dort etwas zu futtern für uns", rief er den anderen zu.

Der Esel sagte: „Dahin gehen wir! Vielleicht gibt's dort auch eine Scheune, wo wir schlafen können." Also machten sie sich auf den Weg in die Richtung, woher das Licht kam. Schon bald standen sie vor dem Haus.

Der Esel, der größte der vier, näherte sich dem Fenster und schaute hinein. „Was siehst du, Grauschimmel?", fragte der Hahn. „Was ich sehe?", antwortete der Esel. „Einen gedeckten Tisch mit leckeren Speisen und guten Getränken. Und um den Tisch herum sitzt eine Bande von Räubern. Die kann man an ihren Tischmanieren erkennen und an dem Diebesgut, das sie neben sich auf dem Boden liegen haben. Die sind bestens gelaunt und lassen es sich gut gehen." – „Das wäre was für uns!", meinte die Katze. Da überlegten die Tiere, wie sie es anstellen könnten, die Räuber aus dem Haus zu jagen, und hatten endlich eine Idee. Der Esel sollte sich mit den Vorderfüßen auf das Fensterbrett stellen, der Hund auf des Esels Rücken springen, die Katze auf den Hund klettern und der Hahn auf die Katze. Als das geschehen war, fingen sie auf ein Zeichen an, ihre Musik zu machen: Der Esel schrie, der Hund bellte, die Katze miaute und der Hahn krähte. Dann stürzten sie durch das Fenster in die Stube hinein, dass die Scheiben nur so klirrten. Die

Räuber fuhren bei dem entsetzlichen Geschrei in die Höhe, glaubten, eine Gespensterhorde bräche herein, und flohen in größter Eile in das Wäldchen, das die Tiere soeben verlassen hatten. Nun setzten sich die vier Musikanten an den Tisch, freuten sich über das, was sie vorfanden, und aßen nach Herzenslust.

Nachdem sie genug gegessen und getrunken hatten, löschten sie das Licht. Jeder suchte sich eine bequeme Schlafstelle aus: Der Esel legte sich auf den weichen Misthaufen, der Hund hinter die Tür, die Katze an den Herd mit der warmen Asche, und der Hahn setzte sich auf einen Balken. Weil sie müde waren von ihrem langen Weg, schliefen sie bald ein.

Als Mitternacht vorbei war und die Räuber aus der Ferne sahen, dass kein Licht mehr im Haus brannte und auch alles ruhig schien, sprach der Hauptmann: „Wir hätten uns doch nicht so schnell vertreiben lassen sollen!", und befahl einem seiner Leute, zum Haus zurückzukehren und zu erkunden, ob noch jemand dort wäre. Der Kundschafter fand alles still, ging in die Küche, um ein Licht anzünden. Weil er glaubte, die Augen der Katze wären glühende Kohlen, hielt er ein Schwefelhölzchen daran, damit es Feuer fing. Aber die Katze verstand keinen Spaß, sprang ihm ins Gesicht und kratzte ihn ordentlich mit ihren scharfen Krallen. Da erschrak der Räuber zu Tode, rannte los und wollte zur Hintertüre hinaus, aber der Hund, der dort lag,

sprang auf und biss ihn ins Bein. Und als er über den Hof an dem Misthaufen vorbeikam, gab ihm der Esel noch einen kräftigen Tritt mit dem Hinterfuß. Der Hahn aber, von dem Tumult und dem Lärm so plötzlich aus dem Schlaf geweckt, dachte, der Tag wäre angebrochen, und rief von seinem Balken herab: „Kikeriki! Kikeriki!“

Da lief der Räuber so schnell er konnte zu seinem Hauptmann zurück und sprach: „Ach, in dem Haus sitzt eine greuliche Hexe, die hat mir mit ihren langen Fingernägeln das Gesicht zerkratzt. Und vor der Tür hockt ein Mann mit einem Messer, der hat mich ins Bein gestochen. Und auf dem Hof liegt ein schwarzes Ungetüm, das hat mit einer Holzkeule auf mich losgeschlagen. Und oben auf dem Dach, da sitzt der Richter, der rief: ‚Dieb, Dieb! Bringt mir den Dieb!‘ Da hab ich die Flucht ergriffen.“ Seitdem getrauten sich die Räuber nicht noch einmal in das Haus. Den vier Bremer Musikanten aber gefiel es darin so gut, dass sie dort blieben und ein gutes Leben miteinander führten.

Der Floh und die Mäuse

Ein reicher Kaufmann bekam eines Nachts in seinem Bett ungebetenen Besuch von einem Floh. Dem behagte es unter der warmen Decke. Und Nahrung gab es auch: Der Floh stach in die feine Haut des Mannes und zapfte ihm an mehreren Stellen Blut ab. Die Flohstiche juckten den Kaufmann und weckten ihn auf. Verärgert über die Schlafstörung, rief er nach seinem Dienstpersonal und befahl, nach dem Störenfried zu suchen und ihn zu zerdrücken. Der Floh bemerkte die drohende Gefahr, flüchtete unter das Bett und hüpfte in ein Mauseloch.

Der Mäuserich, der mit seiner Familie in dem Loch wohnte, war ganz und gar nicht erfreut über den Eindringling: „Wo kommst du her? Was hast du hier zu suchen?“, fragte er. Der Floh erklärte seine Notlage und bat um vorübergehende Aufnahme. „Ich werde euch nicht zur Last fallen. Und wer weiß, vielleicht kann ich mich eines Tages für eure Gastfreundschaft erkenntlich zeigen!“ Der Mäuserich sprach mit seiner Familie und sagte dann: „Einverstanden, wir nehmen dich für eine Weile bei uns auf. Ich hoffe, du fühlst dich wohl in unserer bescheidenen Unterkunft.“ Sie lebten also zusammen und wurden sogar Freunde. In den Nächten zapfte der Floh bei dem Kaufmann etwas Blut ab, gerade so viel, dass dieser davon nicht wach wurde, und tagsüber wohnte er bei den Mäusen im Mauseloch.

Eines Tages hatte der Kaufmann gute Geschäfte gemacht. In seinem Geldbeutel klimperten die Goldstücke. Das hörte eines der Mäusekinder und beobachtete, wie der Kaufmann den Beutel unter seiner Matratze versteckte. Das Mäusekind berichtete beim Abendessen, was es gesehen hatte. Nun wurde hin und her überlegt, was zu tun wäre, um in den Besitz der Goldstücke zu kommen. „Eins ist klar“, meinte der Floh, „wir müssen noch in dieser Nacht aktiv werden. Denn morgen wird der Kaufmann den Geldbeutel wieder an sich nehmen, um ihn vor seinen Dienern in Sicherheit zu bringen. Ich habe schon eine Idee, wie wir vorgehen.“ – „Ich auch“, antwortete Vater Mäuserich. „Hier ist Arbeitsteilung gefragt! Du vertreibst den Kaufmann aus seinem Bett, und wir Mäuse kümmern uns um den Geldbeutel unter der Matratze. Zum Glück gibt es in der Wand hinter unserer Wohnung noch einige Gänge, da können wir das Geld gut verstecken.“

Und so wurde der Plan umgesetzt: Kaum war der Kaufmann schnarchend eingeschlafen, da kroch der Floh unter seine Decke und stach ihm mehrmals so heftig in den Bauch und in seine Beine, dass er wach wurde und aus dem Bett sprang. Wütend ging er in sein Wohnzimmer und legte sich dort auf eine Couch. Gleich kam die Mäusefamilie hervor und zerrte den Geldbeutel mit vereinten

Kräften unter der Matratze hervor, brachte ihn vor ihr Mauseloch und verteilte den Inhalt in den Wandgängen.

Am nächsten Morgen war die Aufregung groß: Nachdem der Kaufmann das Verschwinden seines Geldbeutels bemerkt hatte, rief er seine Diener herbei und nannte jeden von ihnen einen Dieb. Doch alle beteuerten ihre Unschuld.

Wir wissen nicht, wie die Sache ausgegangen ist, aber wo das Geld versteckt war, das wissen der Floh, die Mäuse, du und ich.

Der alte Sultan

Ein Bauer hatte einen alten Hund, der hieß Sultan. Dem waren die Zähne ausgefallen, und er konnte nichts mehr packen und beißen. Da sprach der Bauer eines Tages zu seiner Frau: „Unser Sultan ist zu nichts mehr zu gebrauchen, morgen schieße ich ihn tot." Die Frau hatte Mitleid mit dem Hund und antwortete: „Er hat uns all die Jahre so treu gedient, da sollten wir ihm doch wohl das Gnadenbrot geben, bis er stirbt." Der Mann war anderer Meinung und behielt das letzte Wort.

Der arme Hund hatte unter dem geöffneten Fenster in der Sonne gelegen und alles mit angehört. Weil er sich nicht totschießen lassen wollte, schlich er hinaus aufs Feld zu seinem Freund, dem Wolf, und erzählte ihm von seiner Not. „Sei nur guten Mutes", sagte der Wolf, „ich habe schon eine Idee, die dir helfen wird: Morgen in der Frühe geht der Bauer mit seiner Frau aufs Feld, um das Heu zu wenden. Sie nehmen für gewöhnlich auch ihr kleines Kind mit, weil zu Hause keiner darauf aufpassen kann. Sie legen es

in einem Korb am Feldrand hinter einer Hecke in den Schatten. Leg dich gleich daneben, um es zu bewachen. Ich werde dann aus dem Wald kommen und das Kind rauben. Du eilst hinter mir her und tust so, als wolltest du es mir abjagen. Wenn wir weit genug weg sind, lasse ich den Korb stehen, du nimmst ihn und bringst ihn den Eltern zurück. Der Bauer wird dir als Retter des Kindes dankbar sein und dich verschonen."

Und so geschah es am nächsten Tag: Der Hund tat genau das, was ihm der Wolf empfohlen hatte, und der Bauer, froh über die Rettung des Kindes, streichelte seinen alten Sultan und sagte: „Du braver Hund, du sollst bei uns bleiben und dein Gnadenbrot erhalten bis ans Ende deiner Tage." Bald danach kam der Wolf zum Hund und fragte nach, ob der Plan geklappt hätte. Der Hund bejahte. „Ich freue mich, dass ich dir helfen konnte, habe aber nun meinerseits auch eine Bitte: Du wirst es mir wohl zulassen, wenn ich dem Bauern hin und wieder mal ein Schaf weghole. Denn auch ich habe Mühe, mich bei der Futtersuche durchzuschlagen." – „Darauf kannst du nicht zählen, ich werde meinem Herrn treu bleiben", antwortete der Hund. Da trabte der Wolf enttäuscht und verärgert in den Wald zurück. Als er in einer der folgenden Nächte in die Nähe des Hofes

kam, um ein Schaf zu holen, wurde der Bauer durch seinen knurrenden Hund gewarnt. Er eilte mit einem Knüppel in den Schafstall und verprügelte den Eindringling, dass dieser fliehen musste. „Warte nur“, rief der Wolf dem Hund zu, „das wirst du mir büßen müssen.“

Am nächsten Tag schickte der Wolf ein Wildschwein zum Hof. Das sollte den Hund auffordern, in den Wald zu kommen und sich zu stellen, wenn er kein Feigling wäre. Der Hund suchte einen Beistand für die bevorstehende Waldaktion, fand aber nur eine humpelnde Katze, die er als Begleiterin gewinnen konnte. Gemeinsam mit ihr machte er sich auf den Weg in den Wald. Weil aber die Katze ihren Schwanz aufrecht gestellt hatte und sich dieser beim Humpeln auf und ab bewegte, glaubten der Wolf und das Wildschwein, der Hund käme mit einem Begleiter, der einen Säbel mit sich führte. Da kletterte der Wolf auf einen Baum, und das Schwein versteckte sich hinter einem Busch. Als Hund und Katze an der verabredeten Waldstelle ankamen, sah die Katze, wie sich die Ohren des Wildschweins im Busch bewegten. Sie hielt die Ohren für Mäuse und sprang dem Schwein in den Nacken. Da lief das Schwein laut quiekend und grunzend davon. Als der Hund sich umschaute, sah er den ängstlichen Wolf auf dem Baum sitzen. Der schämte sich wegen seiner Angst, stieg vom Baum herab und willigte dankbar ein, als ihm der Hund ein Friedensangebot machte.

Der Rabe und die Katze

Ein Rabe und eine Katze lebten in einer festen Lebensgemeinschaft und verbrachten vergnügliche Tage miteinander. Was für ein ungewöhnliches Paar! – Eines Tages wurde ihre Freundschaft auf die Probe gestellt: Die beiden saßen wieder einmal unter ihrem Lieblingsbaum und sprachen angeregt über dies und jenes, als sich ihnen ein Panther näherte. Der Rabe sah ihn zuerst und flog schnell in die Baumkrone. Die Katze aber war vor Schreck wie gelähmt und blieb am Boden sitzen. In ihrer Not rief sie dem Raben zu: „Hilf mir, lieber Freund! Lass dir ganz schnell etwas einfallen, um mich vor dem Panther zu retten!“

Da hielt der Rabe Ausschau von oben und erblickte auf einem Feld Hirten mit ihren Schafen. Neben ihnen hockten einige Hunde. Der Rabe flog laut krächzend und wild mit den Flügel schlagend auf die Hunde zu, sodass sie aufgeschreckt wurden. Sie fingen an zu bellen und verfolgten den Raben, der nur knapp über dem Boden vor ihnen herflog, geradewegs auf den Baum zu, unter dem die Katze saß. Vergeblich versuchten die Kläffer den Raben zu fassen, gaben aber nicht auf. Inzwischen hatte sich der Panther der Katze genähert, sie war in höchster Gefahr.

Da flog der Rabe noch schneller und war mit seinen Verfolgern fast am Baum angekommen, als er sich kurz davor hoch in die Luft erhob und auf die Baumkrone schwang. Der Vogel war den Hunden entschwunden, aber in diesem Moment erblickten sie den Panther und rannten in ihrer Wut geradewegs auf ihn zu. Gegen diese wilde Meute hatte der Panther keine Chance und ergriff die Flucht, die Hunde hinter ihm her. Die Katze war jetzt außer Lebensgefahr und kam wieder zur Besinnung. Sie kletterte den Baum hinauf und nahm Platz auf einem höher gelegenen Ast. Gleich darauf kam der Rabe hinzu und setzte sich neben sie.

Wenn zwei zusammenhalten, können sie manche Gefahr bestehen! Selbst wenn es sich um eine so seltsame Freundschaft handelt wie hier.

Der Kater, der Hahn und der Fuchs

Ein alter Waldarbeiter wohnte zusammen mit einem Kater und einem Hahn in der Nähe eines Waldes. Die drei bildeten eine Lebensgemeinschaft und teilten sich die anfallende Arbeit: Der Waldarbeiter schlug das Holz, sammelte und verkaufte es, der Kater bereitete das Essen und brachte es seinem Herrn in den Wald, während der Hahn auf das Haus aufpasste.

Eines Tages war der Hahn alleine daheim, als jemand des Weges kam, vor dem Haus verweilte und ihm ein freundliches Liedchen sang:

„Lieb Hähnchen mit dem roten Kamm,
komm vor die Tür und schau dir an
das Körnerfutter, das ich bringe
und dir zulieb auch noch besinge!“

Der Hahn streckte seinen Kopf zum Fenster hinaus: „Wer hat mir denn da das schöne Liedchen vorgetragen?“ Kaum hatte er das ausgesprochen, stürzte ein Fuchs aus seinem Versteck hervor, packte den Hahn und schleifte ihn mit sich fort. Der versuchte vergeblich, sich zu befreien, und schrie aus Leibeskräften: „Hilfe! Hilfe! Ich werde entführt, der Fuchs schleppt mich davon!“

Er schrie so laut, dass ihn der Kater im nahen Wald hörte. Der ließ alles stehen und liegen und verfolgte den Fuchs. Da dieser den Hahn im Maul trug, hatte ihn der Kater bald erreicht und griff ihn mit seinen scharfen Krallen an. Es gelang ihm, den Hahn zu befreien und den Fuchs in die Flucht zu jagen. Dann kehrte er mit dem leicht verletzten Hahn zurück nach Hause.

Beim nächsten Waldgang ermahnte der Kater den Hahn eindringlich, Türen und Fenster geschlossen zu halten: „Der Fuchs wird wiederkommen und es noch einmal

versuchen. Pass also auf und tu, was ich dir gesagt habe!“ Kaum hatte sich der Kater auf den Weg in den Wald gemacht, kam auch schon der Fuchs zum Haus und fing wieder an zu singen:

„Liebes Hähnchen, komm vors Haus,
ich hab hier was und pack’s schon aus:
ein gelbes Küken, flauschig, fein,
braucht Pflege nur, sonst geht es ein!“

Der Hahn schaute aus dem Fenster, ohne es zu öffnen, und erblickte ein kleines Küken, das ängstlich vor dem Fuchs saß und piepste. Der Fuchs winkte dem Hahn zu und sprach: „Ich lasse das Küken hier vor dem Haus und verschwinde. Ich kann mich nicht um das Kleine kümmern, es hat Angst vor mir.“ Der Hahn überlegte noch, was er antworten sollte, da war der Fuchs auch schon wieder verschwunden. „Der hat sich bestimmt irgendwo versteckt!“, sprach der Hahn zu sich selbst und blieb im Haus, schaute aus dem Fenster, wartete und wartete. Das Küken lief piepsend hin und her und fühlte sich schutzlos und alleine. Endlich nahm der Hahn all seinen Mut zusammen und öffnete die Tür – aber nur einen kleinen Spalt breit, um das Kleine zu sich ins Haus zu locken. Das Küken ließ sich aber nicht locken. Da wurde der Hahn unvorsichtig und wollte es schnell zu sich ins Haus holen. Zack! – da schoss der Fuchs um die Ecke, packte den Hahn und schleppte ihn davon.

Wieder schrie der Hahn um Hilfe, der Kater im Wald hörte ihn, verfolgte den Fuchs und konnte den Hahn auch dieses Mal befreien. Er war sehr verärgert darüber, dass dieser nicht auf ihn gehört hatte und wieder aus dem Haus getreten war. Da erzählte der Hahn, was geschehen war: „Ich wollte nur das Küken retten, sonst wäre ich ganz gewiss im Haus geblieben!“ Und er versprach, dass er in Zukunft noch vorsichtiger sein werde. Der Kater beruhigte sich und sprach: „Ich verstehe, dass du dem Küken helfen wolltest. Aber jetzt ist es weg, und du hast dich umsonst in große Gefahr begeben.“

Nach diesem Ereignis vergingen Wochen und Monate, ohne dass sich der Fuchs noch einmal hatte blicken lassen. Er schien den Hahn vergessen zu haben. Und der Hahn hütete das Haus und blieb vorsichtig. Nur wenn der Waldarbeiter und der Kater im Haus oder in der Nähe waren, ging er manchmal vor die Tür, um draußen ein wenig in der Erde zu scharren. – In Wirklichkeit hatte der Fuchs den Hahn aber gar nicht vergessen! Er hatte die lange Zeit nur verstreichen lassen, um den Hahn in Sicherheit zu wiegen und einen noch besseren Plan auszuhecken. „Dieses Mal wird mir der Hahn nicht wieder entkommen!“, sagte er zu sich selbst, „und dem Kater werde ich zeigen, was ein schlauer Fuchs kann. Der wird sich noch wundern!“

Eines Tages war der Kater wieder mit dem Essen zu seinem Herrn in den Wald gegangen. Auf dem Weg dorthin trug er einen grünen Hut, um sich gegen die Sonne zu schützen. Der Fuchs verfolgte und beobachtete ihn: Der Kater stellte den Topf mit dem Essen unter einen Busch und half dem Waldarbeiter beim Holzsammeln. Seinen Hut legte er neben den Topf, denn der störte ihn jetzt bei der Arbeit. Als die beiden mit dem

Holzsammeln und Laden des gesammelten Holzes auf einen Pferdekarren beschäftigt waren, schlich der Fuchs zu dem Topf, fraß gierig die leckere Speise darin auf, nahm den Hut und machte sich eilends auf den Weg zu dem Hahn. Der saß drinnen im Haus, als er durchs Fenster den Fuchs kommen sah.

Aber dieses Mal reimte und sang der Fuchs nicht, sondern winkte nur mit dem Hut und sprach den Hahn ohne Umschweife an: „Lieber Hahn, erkennst du den Hut, den ich hier mit mir führe?" – „Ja, das ist der Hut des Katers. Da er ihn verloren hat, leg ihn vor die Tür!", antwortete der Hahn. „Dein Freund Kater hat den Hut nicht verloren. Er ist ihm vom Kopf gefallen, als der Pferdekarren voller Holz auf einem Hang im Wald umgekippt ist und ihn unter dem Holz begraben hat. Der Kater hat sich bestimmt verletzt. Du solltest also mit mir kommen, um ihm zu helfen! Ich werde dir die Stelle zeigen, wo es passiert ist."

Der Hahn erschrak und wusste nicht, ob er dem Fuchs glauben sollte: „Ich traue dir nicht! Wenn ich die Türe öffne, wirst du mich wieder schnappen, davontragen und fressen!" – „Sei doch nicht dumm!", antwortete der Fuchs. „Wenn ich dich fressen wollte, hätte ich es doch längst getan. Und zwar gleich hier vor dem Haus. Ich habe dich zwei Mal aus einem ganz anderen Grund davongetragen, und du hättest gar nicht um Hilfe schreien müssen! Aber während wir hier lange herumreden, liegt dein Freund unter dem Holz. Und euer Herr hat sich bei dem Unfall auch verletzt!"

Da öffnete der Hahn die Tür und kam geradewegs auf den Fuchs zu. Dieser führte ihn in die Richtung, aus der er gekommen war, wechselte dann aber den Weg und zeigte in die Ferne: „Siehst du das Wäldchen da hinten? Da ist der Unfall passiert. Wir sollten uns etwas beeilen! Sonst kommt unsere Hilfe zu spät!" Als sie sich weit genug vom Haus entfernt hatten, schnappte der Fuchs den Hahn und machte sich über ihn her.

Der Waldarbeiter und der Kater kamen erst am späten Nachmittag nach Hause und sahen, dass die Haustür weit offen stand. Sie ahnten nichts Gutes! Der Hahn war weg, alles Rufen nach ihm blieb erfolglos. „Jetzt weiß ich, wer dein Töpfchen leergefressen und meinem Hut geklaut hat", sagte der Kater zu seinem Herrn, „es war der verdammte Fuchs! Und jetzt hat er auch noch unseren lieben Hahn entführt und wahrscheinlich längst gefressen." Da trauerten die beiden um ihren Mitbewohner. Aber so leid er ihnen tat, sie stimmten doch darin überein, dass er sich sein Unglück selbst zuzuschreiben habe: „So ergeht's einem, wenn man nicht hören will!" – Sie hatten ja keine Ahnung davon, wie hinterlistig der Fuchs den armen Hahn dieses Mal ausgetrickst hatte!

Die Katze und die Mäuse

Eine Katze auf einem Bauernhof war zu faul, um Mäuse zu fangen. Sie wollte sie wohl fressen, sich dabei aber nicht anstrengen. Lange dachte sie nach, wie das möglich wäre. Endlich hatte sie eine Idee: Der Hofhund, mit dem sie befreundet war, sollte möglichst viele Mäuse informieren, dass sie zu einer Versammlung in der Scheune eingeladen wären, die Katze hätte ihnen eine wichtige Mitteilung zu machen. Einige kamen und waren neugierig, was die Katze ihnen zu sagen hatte: „Ich gehe auf eine lange Pilgerreise. Bevor ich gehe, muss ich mich mit allen Wesen aussöhnen. So will es das religiöse Gebot. Holt bitte auch die anderen, damit ich das Gebot befolgen kann!“ Die Mäuse wunderten sich, taten aber, worum die Katze sie gebeten hatte: Sie holten noch viele andere Mäuse in die Scheune. Nur eine Maus, eine blinde, wollte sich nicht täuschen lassen und warnte die anderen vor einer Falle. Die aber hörten nicht auf sie. Von einer blinden Maus wollten sie sich nichts sagen lassen. Als fast alle Mäuse in der Scheune versammelt waren, schloss die Katze das Scheunentor und bat um Aufmerksamkeit: „Nun, da ihr so zahlreich erschienen seid, möchte ich euch mitteilen, dass ich es mir anders überlegt habe. Ich gehe doch nicht auf Pilgerfahrt. Ich bleibe hier und fresse euch!“ Die Mäuse stoben auseinander, aber nur die wenigsten von ihnen fanden ein Mäuseloch. Die Katze hatte leichtes Spiel und reichlich zu fressen. – So kann's gehen auf dieser Welt.

Die zwei Ziegen

Zwei Ziegen begegneten einander auf einer schmalen Brücke, die über einen tiefen Fluss führte. Jede wollte auf die andere Seite. Aber die Brücke bot zu wenig Platz, um aneinander vorbeizugehen.

„Geh mir aus dem Weg!“, meckerte die eine Ziege. „Du bist gut!“, meckerte die andere. „Geh du doch zurück und lass mich zuerst hinüber. Ich war schließlich zuerst auf der Brücke.“

„Was fällt dir ein?“, antwortete die erste. „Ich bin viel älter als du, und da verlangst du von mir, zurückzugehen? Sei gefälligst etwas höflicher! Du bist jünger, lass mir also den Vortritt!“

Beide Ziegen blieben hartnäckig. Keine wollte zurückgehen, um die andere vorzulassen. Erst haben sie geredet, dann geschrien und schließlich nur noch geschimpft. Als das alles nichts nützte, waren beide so wütend, dass sie anfingen, miteinander zu kämpfen. Sie streckten ihren Kopf mit den Hörnern nach vorn und rannten gegeneinander los. Mitten auf der Brücke prallten sie heftig zusammen. Durch den Stoß verloren beide das Gleichgewicht und stürzten zusammen von der schmalen Brücke in den tiefen Fluss. Ihre Not war groß: Nur mit Mühe gelang es ihnen, sich ans nächste Ufer zu retten. Hätten sie sich mal vorher geeinigt!

Zwei Hasen und ein Fuchs

In einer schönen Hügellandschaft am Fuß der Pyrenäen lebten zwei Hasen, die waren seit Jahren gut miteinander befreundet. Sie verbrachten ihre Tage gemeinsam mit Herumtollen, Futtersuche und Heimpflege. Die Gegend, in der sie wohnten, war nur sehr dünn besiedelt: Hier und da gab es einzelne Bauernhöfe und kleine Dörfer, in deren Umgebung sich Schafe, Kühe oder Esel auf großen Weiden tummelten.

Abends war es über dem ganzen Land so friedlich, dass Füchse und Hasen sich gute Nacht sagten.

Eines Tages beschlossen die Freunde, eine Wanderung zu unternehmen, denn sie wollten mal etwas Neues kennenlernen. „Wohin sollen wir gehen?“, fragte der eine Hase. „Dorthin, wo mehr Menschen wohnen“, schlug der andere vor. „Vielleicht machen wir ja neue Bekanntschaften oder finden irgendetwas Brauchbares.“ Sie zogen los. Als Wanderstöcke benutzten sie zwei Möhren, die gleichzeitig ihr Proviant waren. Je näher sie an die Stadt kamen, desto stärker wurde der Verkehr. Sie hielten sich abseits der Hauptwege und gelangten an eine Stelle, die ungeordnet und sehr hässlich aussah. Es war eine Mülldeponie. Diese war von einer Dornenhecke umgeben, damit die Abfälle nicht vom Wind in die Landschaft geweht wurden. In der Dornenhecke hatte sich an einer Stelle ein rotes Tuch verfangen.

„Was flattert denn da Rotes im Wind?“, fragte der eine Hase. Der andere antwortete: „Es sieht aus wie eine Decke, die nehmen wir mit in die Berge. Ich sagte ja: Wo mehr Menschen leben, ist meist auch etwas Brauchbares zu finden.“ – Die beiden Freunde versuchten, die Decke aus den Dornen zu zerren. Ratsch! machte es da. Jetzt hielt jeder eine Hälfte der Decke in der Pfote. „Macht nichts, wir werden sie wieder zusammennähen, wenn wir zu Hause sind.“ Sie fraßen jeder eine Möhre, hielten ein kleines Mittagsschläfchen und machten sich dann auf den Heimweg.

Als sie fast zu Hause waren, trafen sie den Fuchs, der ganz in ihrer Nähe wohnte. Er wusste, dass sie eine Wanderung unternommen hatten, und war neugierig. „Na, ihr beiden? Was habt ihr denn da Schönes mitgebracht von eurer Wanderung?“ – „Eine Decke. Mit der können wir uns zudecken, wenn die Nächte kälter werden. Leider ist sie in zwei Stücke zerrissen.“ – „Was für ein Glück für euch, dass ihr mich getroffen habt! Ich habe Nadel und Faden in meiner Höhle. Damit können wir die Decke wieder zusammennähen. Das könnte ich für euch tun, wenn ihr mir versprecht, dass ich auch mal mit unter die Decke kriechen darf, wenn es kalt wird.“ Die beiden Hasen waren einverstanden. Am nächsten Tag brachte der Fuchs ihnen die zusammengenähte Decke, und die Hasen legten sie an einer Stelle ab, wo sie vor Wind und Regen geschützt war.

Einige Zeit später kam der Herbst, die Nächte wurden kälter. „Heute Abend werden wir uns unter unsere Decke legen, der Wind ist schon unangenehm frisch geworden“, vereinbarten die beiden Hasen. Sie wohnten unter einem Felsvorsprung, wo sie sich ein gemütliches Schlaflager eingerichtet hatten. Als sie in der Dämmerung mit der Decke an ihrem Schlafplatz eintrafen, wartete bereits der Fuchs auf sie: „Ich denke, heute Abend könnt ihr euer Versprechen einlösen. Die Nacht wird kalt, und ich möchte mit euch unter der warmen Decke liegen." Die Hasen waren zwar nicht glücklich über ihren Besucher, erklärten sich aber einverstanden: „Versprochen ist versprochen!"

Sie hatten aber nicht bedacht, dass der Fuchs nun bestimmte, welcher Platz ihm zustand: nämlich der zwischen den beiden Hasen. Er wusste es auch zu begründen: „Die Mitte der Decke habe ich zusammengenäht. Diese Stelle gehört mir. Deswegen liege ich zwischen euch beiden!" An den Außenseiten reichte die Breite der Decke kaum für die beiden Hasen. Von dort kam aber der kalte Wind, sodass sie frieren mussten und kaum schlafen konnten. In der Mitte war es dem schlauen Fuchs angenehm warm, geschützt von der Decke über sich und den beiden Hasen an seiner Seite.

Der Fuchs und die Katze

Eine Katze lief an einem Waldrand entlang, begegnete einem Fuchs und grüßte ihn freundlich. „Guten Tag, lieber Herr Fuchs, wie geht's, wie steht's und wohin des Weges?“ Der Fuchs schaute die Katze hochmütig an und überlegte, ob er überhaupt

antworten sollte. Dann ließ er sich herab, mit ihr zu sprechen, und sagte: „Du armseliger Bartputzer und Mäusejäger, was fällt dir ein, mich zu fragen, wie es mir geht? Wer bist du, was kannst, was hast du gelernt? Über welche Künste verfügst du?“ – „Ich verstehe mich nur auf eine einzige Kunst“, antwortete die Katze. „Und was ist das für eine Kunst?“ – „Nun, wenn mich Hunde verfolgen, kann ich auf einen Baum springen und mich in Sicherheit bringen.“ – „Ist das alles?“, fragte der Fuchs. „Ich verfüge über einen ganzen Sack von Künsten und listigen Einfällen und will dich gleich lehren, wie man Hunden entgeht.“

Kaum hatte er das ausgesprochen, kam ein Jäger mit mehreren Hunden des Weges. Die Katze sprang sofort auf einen Baum und kletterte bis in die Spitze. „Nun, Herr Fuchs, bindet den Sack auf! Heraus mit den Künsten!“, rief ihm die Katze von oben zu, aber die Hunde hatten ihn schon gepackt und hielten ihn fest. „Was ist los, Herr Fuchs, ist der Sack leer?“, lästerte die Katze. „Was nützen Euch die vielen Künste, wenn sie nicht zum Einsatz kommen? Hättet Ihr den Baum hinaufklettern können wie ich, wärt Ihr nicht in dieser misslichen Lage. Jetzt geht es Ihnen an den Kragen.“

Der Krebs und der Fuchs

Ein Krebs kroch aus seinem Bach hervor auf das grüne Gras einer Wiese. Das war mal eine angenehme Abwechslung gegenüber dem Wasser. Da kam ein Fuchs des Weges, sah den Krebs langsam kriechen und sprach spöttisch zu ihm: „Guten Tag, Herr Krebs, das nenne ich einen gemächlichen Gang! Geht's vielleicht auch ein bisschen schneller? Bis wann wollt Ihr denn die Wiese überquert haben? An Eurem Gang erkenne ich wohl, dass Ihr besser rückwärts als vorwärts gehen könnt!" Der Krebs war nicht dumm, und beleidigt war er erst recht nicht. Er antwortete: „Herr Fuchs, Ihr kennt meine Natur nicht. Wir Krebse sind alle edle und ehrenwerte Geschöpfe! Und das sei Ihnen außerdem noch gesagt: Ich bin schneller und leichtfüßiger, als Ihr denkt. Wir können das gerne auf die Probe stellen. Wollt Ihr mit mir um die Wette laufen? Ich setze ein Goldstück auf meinen Sieg!"

„Nichts wäre mir lieber!", sprach der Fuchs. „Wollt Ihr von Bern nach Basel laufen oder von Bremen nach Hamburg?" – „Ich sehe schon, Ihr nehmt mein Angebot nicht ernst", antwortete der Krebs. „Gleich hier können wir laufen, und um den Gewinner herauszufinden, genügt eine Strecke von hundert Metern, von mir aus auch von einem Kilometer. Das sollte für uns beide nicht zu viel sein!" – „Einen Kilometer lang sollte der Weg schon sein!", entgegnete der Fuchs." – „Nun gut", sagte der Krebs, „seht

Ihr da hinten den einzelnen Baum auf dem Feld? Der dürfte weit genug entfernt sein. Bis dahin soll unser Wettlauf gehen. Aber ich werde Euch einen Vorsprung einräumen. Wenn Ihr den ablehnt, mag ich gar nicht laufen." – „Und wie groß soll der Vorsprung sein?", fragte der Fuchs neugierig. Der Krebs antwortete: „Genau eine Fuchslänge lang. Ihr tretet also vor mich, und ich trete hinter Euch, sodass Eure Hinterfüße an meinen Kopf stoßen. Und wenn ich sage: ‚Auf die Plätze – fertig – los!', so ist der Start für das Rennen gegeben, dann können wir loslaufen."

Der Fuchs war mit dem Vorschlag des Krebses einverstanden und machte sich startklar. Dabei kehrte er dem Krebs sein Hinterteil mit dem großen und buschigen Schwanz zu. In den verkrallte sich der Krebs mit seinen Greifscheren, ohne dass der Fuchs es merkte, und rief: Auf die Plätze – fertig – los!" Da lief der Fuchs, wie er in seinem Leben noch nicht gelaufen war, so schnell, dass ihm die Füße schmerzten. Als das Ziel erreicht war, drehte er sich geschwind um und rief: „Wo ist er denn nun, der dumme Krebs? Wo seid Ihr? Ihr habt verloren!" Der Krebs aber, der durch das Umdrehen des Fuchses nun näher an dem Baum stand, rief hinter ihm: „Herr Fuchs! Was schreit Ihr denn da in die falsche Richtung. Warum wart Ihr so langsam? Ich stehe schon eine Weile hier und warte auf Euch!"

Der Fuchs erschrak ordentlich und sprach: „Euch muss der Teufel aus der Hölle hierher gebracht haben!" Er zahlte das vereinbarte Goldstück, zog den Schwanz ein und machte sich kleinlaut vom Acker.

Der Hase und der Fuchs

Ein Hase und ein Fuchs reisten miteinander. Es war Winterzeit, nirgends grünte ein Kräutchen, und auf dem Feld ließ sich keine Maus sehen. „Das ist ein Wetter zum Hungern“, sprach der Fuchs zum Hasen, „mir schnurren alle Gedärme zusammen.“ – „Das kann man wohl sagen“, antwortete der Hase. „Es ist überall Dürre und Ödnis! Und ich würde meine eigenen Löffel fressen, wenn ich sie ins Maul stopfen könnte.“

So hungrig trabten sie miteinander weiter. Da sahen sie von weitem ein Bauernmädchen kommen, das einen Handkorb trug. Und aus dem Korb kam dem Fuchs und dem Hasen ein angenehmer Geruch entgegen, der Geruch von frischen Semmeln. „Weißt du was?“, sprach der Fuchs. „Lege dich der Länge nach auf den Boden und stell dich tot. Das Mädchen wird seinen Korb abstellen und dich aufheben wollen, weil sich aus deinem Fell wohl ein Paar wärmende Handschuhe machen lässt! Und wenn sie den Korb abgestellt hat, schnapp ich ihn mir und laufe davon. Und du springst ihr aus den Händen und rennst hinter mir her!“

Dem Hasen gefiel die Idee des Fuchses, und er tat, was dieser vorgeschlagen hatte: Er legte sich auf den Boden und stellte sich tot. Derweil versteckte sich der Fuchs hinter einer Schneewehe am Wegesrand. Das Mädchen kam näher, sah den liegenden Hasen, der alle viere von sich streckte, stellte tatsächlich den Korb ab und bückte sich

nach dem Hasen. Jetzt sprang der Fuchs hervor, schnappte den Korb und verschwand damit querfeldein. Gleich darauf wurde der Hase lebendig und folgte seinem Begleiter. Dieser aber hielt gar nicht mehr an, er lief immer weiter, was so viel bedeutete, als dass er gar nicht mehr daran dachte, die Beute mit dem Hasen zu teilen. Er wollte die Semmeln alleine fressen. Da wurde der Hase wütend und überholte den Fuchs. In der Nähe eines kleinen Weihers stoppten beide.

„Da sind wir gerade am rechten Platz angelangt“, sagte der Hase zum Fuchs: „Wie wäre es, wenn wir uns eine Mahlzeit mit Fischen verschafften? Wir haben dann Fische und Semmeln, wie die feinen Herren! Hänge deinen Schwanz ein wenig ins Wasser, so werden sich die Fische, die jetzt auch nicht viel zu beißen haben, daran hängen. Mach aber schnell, bevor der Weiher zufriert. Ich spüre schon die nächtliche Kälte herannahen.“

Das leuchtete dem Fuchs ein, er ging zu dem Weiher, der soeben zufrieren wollte, und hing seinen Schwanz ins Wasser, um Fische anzulocken. Es dauerte nicht lange, so war der Schwanz des Fuchses fest angefroren. Da nahm der Hase den Semmelkorb, fraß die Semmeln vor den Augen des Fuchses gemächlich auf, eine nach der anderen, und sagte: „Warte nur, listiger Freund, bis das Wasser wieder auftaut. Spätestens im Frühjahr bist du wieder frei.“ Dann lief er davon. Der Fuchs aber heulte wie ein wilder Hund an der Kette.

Fuchs und Marder beim Hühnerfest

Ein Fuchs saß gerade gemütlich in seiner Höhle, als er am Eingang jemanden scharren hörte. Es war der Marder von nebenan, der um Einlass bat. „Was verschafft mir die Ehre deines seltenen Besuchs?", fragte der Fuchs. „Nun, mir ist da etwas zu Ohren gekommen, das dich interessieren könnte, und ich möchte dir einen Vorschlag machen", antwortete der Marder. „So, so, einen Vorschlag möchtest du mir machen, da bin aber gespannt. Lass hören!"

„Du kennst doch den Bauernhof am Waldesrand, gerade da, wo die großen Buchen stehen." – „Ja, da wohnt eine Familie mit Kindern und Haustieren. Und gleich nebenan befinden sich eine Scheune und ein Hühnerstall. Da bin ich schon oft herumgeschlichen. Aber jedes Mal ist mir der Haushund Nemo in die Quere gekommen und hat mich böse angeknurrt. Der ist groß und stark, mit dem möchte ich mich nicht anlegen." – „Genau darauf möchte ich zu sprechen kommen!", sagte der Marder. „Ich habe gehört, dass die Familie am Wochenende Besuch von Verwandten aus der Stadt bekommt. Und die gehen dann alle zusammen mit den Haustieren in den Wald, um Beeren zu sammeln. Nemo ist auch dabei, er wird also das Haus nicht bewachen."

„Das hört sich gut an", sagte der Fuchs, „und was wäre nun dein Vorschlag?" – „Wir gehen gemeinsam dorthin und schnappen uns ein paar Hühner. Ich habe letzte Nacht schon angefangen, ein Loch unter dem Zaun des Hühnerhofs zu graben." – „Durch das Loch gelangst du nur in den Hof, der Hühnerstall wird bestimmt verschlossen sein", gab der Fuchs zu bedenken. „Die Hühner werden nicht in ihrem Stall sein", entgegnete der Dachs. „Sie feiern an diesem Tag ein Fest auf dem Heuboden der Scheune. Da oben war ich schon einige Male, um Mäuse zu jagen. Ich weiß also, wie man in die Scheune kommt." – „Ja wenn das so ist, bin ich natürlich dabei."

Fuchs und Marder verabredeten sich für das nächste Wochenende und waren zuversichtlich, dass ihr Überfall auf die Hühner erfolgreich sein würde. – Aber es kam anders, denn ihre Unterhaltung war belauscht worden: vom Laternenmännchen, das im Keller des Bauernhofes wohnte! Das war gerade so groß wie ein aufrecht stehendes Eichhörnchen und hatte den Marder in der Nacht beobachtet, als er sein Loch unter dem Zaun des Hühnerhofs gegraben hatte. Es war ihm unauffällig zu seinem Bau gefolgt und hatte dort Wache gehalten, bis der Marder zur Fuchshöhle gegangen war. Dann hatte sich das Laternenmännchen an die Höhle herangeschlichen und gelauscht. Es wusste nun, welche Gefahr den Hühnern bei ihrem Fest drohte.

Am nächsten Samstagmorgen saß die Familie mit ihren Verwandten aus der Stadt und ihren Haustieren in der großen Küche, als das Laternenmännchen bei ihnen erschien. Es erzählte ihnen, welchen heimtückischen Plan Marder und Fuchs miteinander ausgeheckt hatten. Nemo hörte aufmerksam zu und machte einen Vorschlag: „Wir gehen heute Nachmittag wie geplant gemeinsam in den Wald, damit der Marder und der Fuchs sich sicher fühlen. Ganz bestimmt werden sie uns dabei beobachten. Und wenn wir dann weit genug entfernt sind, kehren wir Haustiere heimlich zur Scheune zurück und verstecken uns auf dem Heuboden.“ Den beiden Katzen Miez und Mauz gefiel Nemos Vorschlag. Und Kock, der alte Hahn, war auch einverstanden und sagte: „Wir werden den beiden Räubern einen Empfang bereiten, den sie

so schnell nicht vergessen werden! Ich werde auf den höchsten Balken unter dem Dach fliegen und das Kommando zum Angriff geben."

Und so geschah es: Fuchs und Marder sahen die Bauernfamilie am Nachmittag mit den Gästen und Haustieren im Wald verschwinden. Als sie weit genug entfernt waren, gingen sie zum Hühnerhof und scharrten das vorbereitete Loch am Zaun so tief aus, dass auch der Fuchs hindurchpasste.

Dann verkleideten sich beide mit Tüchern, die sie sich umbanden, damit sie nicht gleich erkannt würden. Der Marder führte den Fuchs zu einem Loch in der Wand neben dem Scheunentor. Durch dieses Loch zwängten sie sich in die Scheune.

Das Hühnerfest auf dem Heuboden im Obergeschoss war bereits im vollen Gange: Ratten, Mäuse und andere kleine Nagetiere tanzten, Hasen, Enten und Gänse saßen auf Bänken und schauten ihnen dabei zu. Dann waren da noch Vögel und ein paar Eichhörnchen aus dem nahen Wald, die auf einem Karussell fuhren. Die Stimmung war fröhlich und ausgelassen. Die Hühner gackerten zufrieden und bemerkten gar nicht, dass Nemo und die Hauskatzen sich hinter den Heuballen versteckten und Kock auf den obersten Balken im Dachstuhl flog.

Kurz darauf näherten sich von unten die beiden ungebetenen Gäste in ihrer Verkleidung. Sie kamen bereits die Hühnerleiter herauf.

Als der Fuchs und der Marder auf dem Fest erschienen, schauten sich die beiden erst einmal um und waren ganz freundlich zu den Hühnern. Sie hatten vereinbart, die Hühner erst einmal in Sicherheit zu wiegen, bevor sie eins nach dem anderen heimlich um die Ecke bringen wollten, ohne dass die anderen in Panik gerieten. Kock, der Hahn, beobachtete sie von oben und durchschaute ihren Plan. Er wartete noch eine Weile. Dann fing er mit einem Mal an, lauthals zu schreien: „Kikeriki! Kikeriki! Da sind die zwei Räuber, nun fasset sie!"

Kaum hatte er ausgeschrien, da sprangen Nemo, Miez und Mauz aus ihren Verstekken hervor und stürzten sich auf die beiden verkleideten Besucher. Sie bissen und kratzten den Fuchs und den Marder so heftig, dass diese zur Leiter eilten, um zu flüchten. Kock unterstütze den Kampf mit lautem Geschrei. Die Räuber stolperten über die umgebundenen Tücher und fielen die Hühnerleiter hinab.

Nichts wie raus aus der Scheune! Noch nie hat man Fuchs und Marder so schnell laufen sehen. Und die Hühner gackerten ihnen aufgeregt hinterher. Als sie sich endlich beruhigt hatten, bedankten sie sich bei den Haustieren, die sie gerettet hatten. Kurz darauf ging das Hühnerfest fröhlich weiter und endete erst tief in der Nacht.

Drei Esel wollen was erleben

Ein junger dunkelbrauner Esel lebte mit vielen anderen Eseln auf einer großen Weide, die alles bot, was das Eselherz begehrt: ganz viel Platz, flaches und auch hügeliges Gelände, grünes Gras, Büsche und Schatten spendende Bäume. Sogar ein kleiner Bach mit frischem Wasser durchfloss das Gelände. In der Nähe der Bäume gab es auch einen offenen, überdachten Stall, unter dem die Esel bei starkem Regen oder zu heißer Sonne Schutz fanden. Im Winter, wenn es auf der Weide an Gras mangelte, waren die Futterraufen in ihrem Stall stets mit Heu gefüllt.

Es gab nur eine Sache, die den Eseln die Lebensfreude verdarb: Das waren die Gäste, die an Wochenenden und in der Sommerzeit zum Eselhof kamen, um ihre Kinder auf den Eseln reiten zu lassen. Dafür wurden ihnen Sättel auf den Rücken geschnallt und Zaumzeug angelegt, was ihre Freiheit bitter einschränkte. Jeden Vormittag und Spätnachmittag ging es dann in ein nahes Wädchen, um dort die immer gleiche Strecke abzulaufen, rauf und runter. Das war eintönig und langweilig. Die Esel ertrugen es aber geduldig und ohne Klagen, denn sie wussten ja, dass die Arbeitszeit begrenzt war.

An einem schönen Frühlingstag entdeckte der junge dunkelbraune Esel ein großes Loch im Zaun, durch den sich eine Rotte von Wildschweinen Zugang zur Eselweide verschafft hatte. Er ging zu zwei anderen Jungeseln, mit denen er gerne zusammen war. Die beiden waren grau. Er berichtete ihnen, was er entdeckt hatte: „Nicht weit von hier hat der Zaun ein Loch, gerade groß genug, dass wir drei hindurchpassen, wenn wir uns gegenseitig helfen. Ich hätte große Lust, einen Ausflug zu machen, um mal was anderes von der Welt zu sehen als immer nur unsere Eselweide.“ – „Das ist eine gute Idee“, meinte einer der beiden grauen Esel, der zweite hatte Bedenken: „Wir müssen aber aufpassen, dass wir uns nicht zu weit von unserer Eselweide entfernen und uns verlaufen. Man weiß nie, was einen andernorts erwartet.“

Sie schafften es ohne große Mühe durch das Loch im Zaun und machten sich auf den Weg in die nahen Berge. Von dort hörten sie Glocken läuten, was sie neugierig machte. Nach einer Weile kamen sie zu einer Weide, auf der Rinder grasten. Bei jeder ihrer Bewegungen bimmelten die Glocken, die sie um den Hals trugen. Die drei Esel traten an den Weidezaun, konnten das Gelände aber nicht betreten. Gerne hätten sie sich mit den Rindern über ihr Leben ausgetauscht. „Wenn wir selbst auch solche Glocken tragen müssten, könnten wir unseren Aus-

flug gleich beenden“, sagte der dunkelbraune Esel. „Man würde uns bald wiederfinden.“ – „Es hätte aber den Vorteil, dass wir uns nicht irgendwo verlieren“, sagte der ängstliche graue Esel. „Ich weiß nicht recht, ob es nicht klüger wäre, umzukehren.“ – „Wir haben aber doch noch gar nichts erlebt!“, entgegnete der dunkelbraune Esel. „Wenn du solche Angst hast, dann geh lieber zurück zu unserer Eselweide! Den Weg dorthin wirst du ja wohl alleine finden.“ Und das tat der ängstliche graue Esel auch. Er war ein Stück gelaufen und hatte Kühe auf einer Weide gesehen, aber sonst nichts erlebt.

Die beiden anderen gingen immer weiter, bis sie hungrig und durstig wurden. Endlich gelangten sie in einen kleinen Weiler, der aus nur wenigen Häusern bestand. Es war ganz still dort, keine Menschenseele zu sehen. Hinter dem letzten Haus fanden die Esel eine Quelle mit zwei Wasserbecken und löschten ihren Durst. Gleich neben dem Haus führte ein Weg in einen großen Garten mit reichlich Gras und vielen Kräutern. Da machten sie sich über das Grünzeug her, bis eine kleine Frau mit einem Topf aus dem Haus eilte und mit einem Löffel auf den Topf einschlug, dass es nur so schepperte. Dabei schrie sie wild auf die Esel ein. Die blieben stehen und schauten nur erstaunt, weil sie eine so wütende Person noch nie gesehen hatten.

„Hier sind wir nicht willkommen", sagte der dunkelbraune Esel zu seinem grauen Gefährten, „lass uns weiterziehen und die Nacht im nahen Wald verbringen. Da sind wir unter Tieren." Der graue Esel fand es besser, im Weiler zu bleiben: „Ich habe eben eine offene Scheune gesehen, darin lag etwas altes Stroh. Ich würde es vorziehen, dort zu übernachten." – „Das kann doch nicht dein Ernst sein!", antwortete der dunkelbraune Esel. „Schon in der ersten Nacht ziehst du es vor, in einer Scheune zu schlafen statt draußen. Einen so sicheren Ort wie eine Scheune haben wir doch in unserem Stall jeden Tag. Ich dachte, wir wollten etwas erleben!" – „Ich habe einen langen Tagesmarsch hinter mir, habe Rinder auf ihrer Weide gesehen, eine wütende Frau mit einem Kochtopf , das reicht doch für den ersten Tag!", sagte der graue Esel und trottete zu der Scheune. Der dunkelbraune fand das jämmerlich: „Wenn du tatsächlich hier bleiben willst, dann trennen sich unsere Wege. Ich habe mir den Ausflug spannender vorgestellt und werde alleine weiterziehen."

Dann ging er tief in den Wald hinein. Unterwegs begegnete er einigen Wildschweinen, die aber davonstoben, als sie ihn erblickten. An Unterhaltung mit ihnen war nicht zu denken. Als es dunkel wurde und die Vögel ihren Gesang allmählich einstellten, suchte der dunkelbraune Esel eine Schlafstelle und fand endlich eine Bodenkuhle voll mit trockenen Buchenblätter, die ihm zum Schlafen geeignet erschien. Er war traurig, so alleine zu sein. Aber vielleicht gehörte ja ebendiese Erfahrung zu dem Abenteuer, das er sich von dem Ausflug versprochen hatte. In der Nacht wurde es zunehmend kühler. Was für ein Kontrast zum gemeinsamen Schlafen mit den anderen Eseln im Stall, wo sich die Tiere mit ihrer Körperwärme gegenseitig wämten!

Am nächsten Morgen setzte der einsame Esel seine Wanderung fort. Es dauerte lange, bis er aus dem Wald hinausfand und auf eine Straße gelangte, an deren Rand er weitertrottete. Hier und da machte er halt, um ein wenig Gras zu fressen. Gegen Mittag erreichte er ein kleines Dorf, wo er Hundegebell hörte. „Endlich wieder in Gesellschaft!“, sagte er zu sich selbst. Als er weiterging, fand er eine Zauntür, die geöffnet war und auf eine Weide führte, in deren Mitte ein Bottich mit Wasser stand. Das Gras stand auch hoch genug, für Futter und Trinken war also gesorgt. Der Esel legte sich auf den Boden und ruhte sich eine Weile aus. Als er aus seinem Schlaf erwachte, schaute ihn ein Pony an, das ihn ansprach: „Was machst du denn hier auf meiner Weide?“ – „Ich bin auf Wanderschaft und habe hier etwas getrunken und Rast gemacht. Das ist doch wohl erlaubt, oder?“, antwortete der Esel. „Ich habe nichts dagegen. Denn ich bin alleine hier auf der Weide und freue mich über Gesellschaft. Schau nur, da drüben steht mein Stall! Es wäre schön, ihn mit dir zu teilen.“

Der Esel bedankte sich für die Gastfreundschaft, wollte aber lieber weiterwandern, um noch mehr zu erleben. Er verabschiedete sich von dem Pony und ging zu der Zauntür. Die aber war verschlossen. Erst am Abend kam ein junger Mann zur Weide, um dort nach dem Rechten zu schauen. Er wunderte sich über den Besuch des Esels und fragte sich, wie er wohl hierher gekommen war. Der Esel sprach: „Ich habe mich hier nur kurz ausgeruht und möchte meine Wanderung fortsetzen.“ Der Mann verstand ihn jedoch nicht und sagte zu sich selbst. „Es ist ja auch egal, woher er kommt. Das Pony wird sich freuen, nicht mehr so alleine zu sein. Er soll also bleiben und es gut bei uns haben.“ Der Esel war gar nicht damit einverstanden, konnte aber nichts gegen die Entscheidung ausrichten. Jetzt bewohnte er wieder eine Weide. Die war allerdings viel kleiner als seine schöne Eselweide. Und zur Gesellschaft hatte er nur dieses arme Pony. So endete der Ausflug der drei Esel, die ausgezogen waren, um etwas zu erleben.

„Wenn’s dem Esel zu wohl ist, geht er aufs Eis“, lautet ein Sprichwort. Hier habt ihr eine Geschichte dazu.

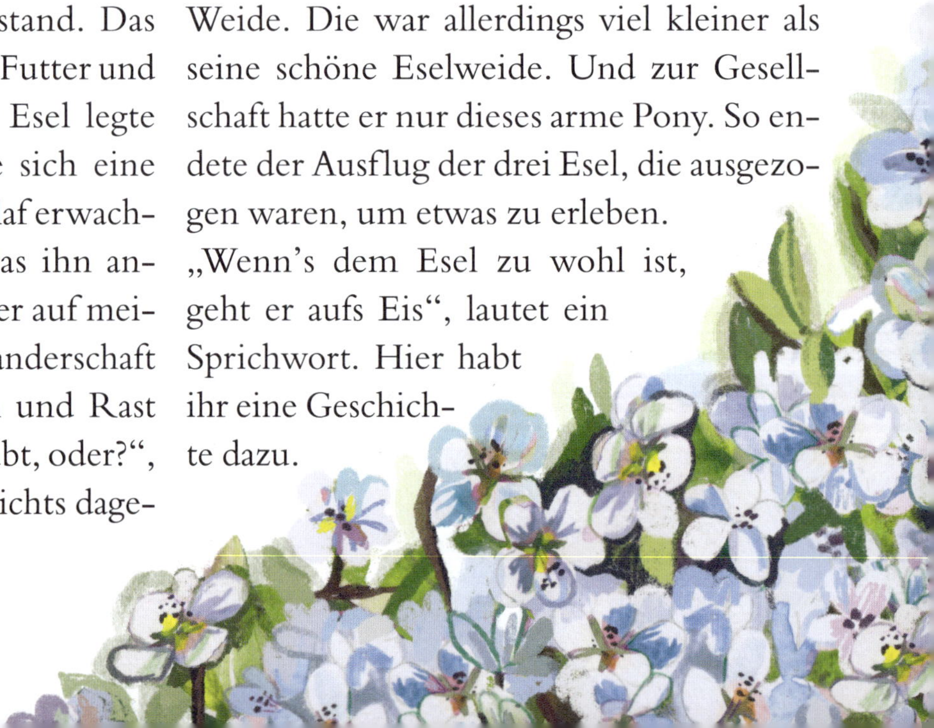

Der Maulwurf

Ein junger Maulwurf trat vor seine Mutter und behauptete: „Ich kann sehen!“ (Maulwürfe haben bekanntlich nur ein sehr geringes Sehvermögen.) Die Mutter stellte ihren kleinen Angeber auf die Probe und legte ihm ein Weihrauchkörnchen vor: „Was siehst du?“ – „Einen Kieselstein“, antwortete der kleine Maulwurf. „Mein liebes Kind“, erwiderte die Mutter, „du hast nicht nur dein Sehvermögen verloren, du kannst auch nicht mehr richtig riechen.“

Der Bär und der Bauer

Ein Bär war lange durch einen Wald gestreift, um etwas Gutes zum Fressen zu finden. Weil er nur wenig Schmackhaftes fand, verließ er den Wald, um in einem nahen Dorf den Bienenstock eines Imkers auszurauben. Unterwegs dorthin sah er einen Bauern, der sein Feld bestellte. „Der kommt mir gerade recht“, dachte der Bär und ging auf den Mann los: „Du bist mir ein willkommener Happen!“, brummte er. Der Bauer erhob abwehrend seine Hände und sprach: „Bär, lieber, guter Bär, tu das nicht! Ich habe einen besseren Vorschlag: Du hilfst mir dabei, Rüben zu säen, und in ein paar Monaten gibt es eine ordentliche Ernte, die wir miteinander teilen. Ich begnüge mich mit dem, was unter der Erde ist, und du bekommst die grünen Schöpfe über der Erde.“ – „Einverstanden“, sagte der Bär, „aber dass du mich ja nicht betrügst, sonst geht es dir an den Kragen!“

Der Bär ging seines Weges, um sich im Dorf den Honig zu holen. Der Bauer war froh, dass er die Begegnung mit dem Bär heil überstanden hatte. Die Rüben wuchsen gut in dem Jahr. Im Herbst machte sich der Bauer mit einem Pferdewagen auf den Weg zum Rübenfeld, um die Ernte einzufahren. Da kam auch gleich der Bär aus dem Wald und verlangte seinen Anteil. „Wir teilen wie ab-

gemacht!", sagte der Bauer, „du bekommst die schönen grünen Schöpfe und ich die erdigen Wurzeln." Und er trennte die Rüben von ihrem Grünzeug, das er vor dem Bären anhäufte. Als er die Rüben auf den Wagen geladen hatte, wollte der Bär wissen, was er damit vorhabe. „Die bring ich auf den Markt, um sie dort zu verkaufen." – „Lass mich mal eine davon probieren, bevor du losfährst." Der Bauer gab ihm eine schöne große Rübe. Der Bär biss hinein, verglich den Geschmack mit dem vor ihm liegenden Grünzeug und wurde wütend: „Du hast mich betrogen!", brüllte er. „Die Rübe ist süß und wohlschmeckend, mir hast du den minderwertigen Rest überlassen." Um den Bär zu beruhigen, gab ihm der Bauer einen Teil seiner Rüben und machte sich mit seinem Pferdewagen davon.

Im nächsten Frühjahr fuhr der Bauer wieder auf sein Feld, um es zu pflügen und Weizen zu säen. Da kam der Bär aus dem Wald und wollte auch dieses Jahr an der Ernte teilhaben: „Aber dieses Mal wirst du mich nicht betrügen!", sagte der Bär, „da machen wir es nämlich gerade umgekehrt: du bekommst den oberen Teil und ich den unter der Erde." Der Bauer war einverstanden. Ihre Wege trennten sich, Monate vergingen. Auch in diesem Jahr war das Wetter, wie es sein sollte,

und der Weizen gedieh prächtig. Am Ende des Sommers fuhr der Bauer mit seinem Pferdewagen zur Ernte. Kaum war er an seinem Feld eingetroffen, stand auch schon der Bär da. „Denk daran“, sagte er, dieses Mal machen wir es umgekehrt!“ – „Ganz wie du sagst“, antwortete der Bauer, „so haben wir es vereinbart.“ Die Weizenhalme wurden geschnitten, der Bauer lud sie auf seinen Wagen und fuhr heim.

Der Bär blieb zurück und grub die Wurzeln der Weizenhalme aus. Er probierte sie, kaute auf ihnen herum, aber sie schmeckten nicht. Er konnte nichts mit ihnen anfangen. Da wurde ihm klar, dass er wieder auf den Bauern hereingefallen war, und wurde böse, bitterböse! „Na warte“, sagte er zu sich selbst, „das werde ich ihm heimzahlen!“ – So kam es zur dauerhaften Feindschaft zwischen Bären und Bauern.

Der Bär und der Fuchs

Vor langer Zeit, als die Bären noch Schwänze hatten, traf an einem Wintertag ein Bär bei seiner Nahrungssuche einen Fuchs. Der trug ein paar Fische bei sich, die den Bär anlockten. „So gut wie du möchte ich es auch haben“, sagte der Bär zu dem Fuchs, „wie hast du so viele Fische fangen können?“ – „O, das ist nicht schwer“, antwortete der Fuchs, „wenn man einen so prächtigen Schwanz hat wie du und ich. Man muss ihn nur zu nutzen wissen! Aber dieses Geheimnis kennt nicht jeder.“ Da wurde der Bär neugierig und bat den Fuchs, ihm sein Geheimnis zu verraten.

„Das will ich gerne tun“, flüsterte der Fuchs und schaute sich dabei vorsichtig um, ob auch kein anderer Zuhörer in der Nähe war. „Nicht weit von hier ist ein zugefrorener See. In den kratze ein Loch mit deinen scharfen Krallen, groß genug, damit du deinen buschigen Schwanz hineinstecken kannst! Den benutzt du als Angel. Die Fische werden kommen und anbeißen. Das kann ein wenig schmerzen. Du musst aber Geduld haben und warten. Je länger du warten kannst, desto mehr Fische wirst du fangen. Und wenn du dann lange genug gewar-

tet hast, musst du deinen Schwanz mit einem kräftigen Ruck aus dem Wasser ziehen."

Der Bär bedankte sich für den guten Rat, ging zu dem See und tat, was der Fuchs ihm empfohlen hatte. Nach einer Weile fing sein Schwanz an zu schmerzen. „Das sind die anbeißenden Fische", sagte der Bär zu sich selbst. „Das muss ich jetzt aushalten und geduldig bleiben!" Die Vorstellung der leckeren Fische ließ ihn den Schmerz ertragen. Den ganzen Nachmittag saß er so da, bis es ihm zu viel wurde. Er wollte sich erheben und den Schwanz aus dem Loch ziehen, aber das gelang ihm nicht. Er blieb wie angewurzelt sitzen. Da erinnerte sich der Bär an das, was der Fuchs gesagt hatte: Den Schwanz mit einem einzigen kräftigen Ruck aus dem Wasser ziehen! Das tat er jetzt.

Doch als er sich nach den Fischen umdrehte, sah er keinen einzigen. Und von seinem prächtigen Schwanz war nur ein Stummel übriggeblieben. Der längere Rest steckte im gefrorenen See fest! – Seitdem haben Bären Stummelschwänze und hüten sich davor, weitere Ratschläge von Füchsen anzunehmen.

Der Esel im Brunnen

Ein Esel war müde von der Arbeit und hatte sich auf den Rand eines Brunnens gesetzt. Nach einer Weile war er eingeschlafen und in den Brunnen gefallen. Wegen einer langen Dürre hatte der Brunnen kein Wasser. Da lag nun der Esel auf dem Brunnenboden und stöhnte vor Schmerzen. In der Nähe des Brunnens wohnte ein Bauer, dem der Brunnen gehörte. Als er die Geräusche aus dem Brunnen hörte, schaute er hinein und sah darin seinen alten Esel liegen.

Der Bauer wusste nicht, wie er das Tier aus seiner Notlage befreien konnte, ging zum Nachbarn und fragte um Rat. „Dein Esel ist alt und und durch seinen Sturz wahrscheinlich auch verletzt. Wir kommen nicht an ihn heran. Das Beste, was wir tun können, ist, ihn im Brunnen zu begraben. Der Bauer war traurig, stimmte dem Vorschlag aber zu: „Der Brunnen ist ohnehin nutzlos, füllen wir ihn also mit Erde und begraben das arme alte Tier!“

Sie holten ihre Schaufeln und fingen an, Erde in den Brunnen zu schippen. Die Erde fiel auf den Rücken des Esels und der schüttelte sich. Als immer mehr Erde auf ihn prasselte, verstand er, dass sein Herr nicht die Absicht hatte, ihn zu retten, und bekam große Angst. In seiner Not schüttelte er sich immer ungestümer und stampfte mit seinen Hufen. Aus der Ferne krähte ein Hahn. Der Esel nahm es als gutes Zeichen, beruhigte sich und beschloss, sich nicht beerdigen zu lassen: „Abschütteln und draufstellen! Das ist es, was ich tun muss“, sagte er zu sich selbst.

Der Brunnenschacht war eng, ließ dem Esel aber genug Bewegungsfreiheit, sich durch Schütteln und Draufstellen auf die gestampfe Erde Stück für Stück nach oben zu bewegen. Die beiden Männer oben schufteten den ganzen Tag, ohne in den Brunnen zu schauen, denn sie scheuten den traurigen Anblick des Eselgrabes. Erst am Abend, als sie völlig erschöpft waren, schauten sie über den Brunnenrand. Wie freuten sie sich, als sie den Esel erblickten, der fast oben angekommen war! Jetzt konnten sie ihm helfen, aus dem Brunnen herauszuklettern.

Der Affe und der Elefant

Am Flussufer trafen sich viele Tiere. Es war ihr Treffpunkt, wo geplaudert und gestritten wurde. Der Elefant bildete sich etwas auf seine Stärke ein: „Ich kann Bäume mit ihren Wuzeln ausreißen“, sagte er zum Affen. „Ja“, antwortete dieser, „du bist groß und stark. Ich bin dafür schnell und geschickt, im Gegensatz zu dir kann ich auf Bäume klettern.“ Dann stritten sie darüber, was besser wäre: Größe und Stärke oder Schnelligkeit und Geschicklichkeit. Weil sie sich nicht einig wurden, gingen sie zur Krähe, die den Ruf hatte, klug zu sein. Die sollte entscheiden.

Die Krähe hörte sich an, was die beiden über ihre Fähigkeiten zu sagen hatten. Sie überlegte hin und her und hatte eine Idee: „Seht ihr die Palme da drüben auf der anderen Seite des Flusses? Wer von euch beiden mir eine Nuss von dieser Palme bringt, der soll der Sieger sein.“ Der Affe und der Elefant sahen die Palme, waren mit dem Vorschlag der Krähe einverstanden und liefen zum Fluss. „Oje!“, klagte der Affe, der Fluss ist breit und tief, ich schaffe es nicht auf die andere Seite.“ – „Setz dich auf meinen Rücken!“, sagte der Elefant und bot dem Affen seinen Rüssel als Steigleiter an, „ich trag dich hinüber.“ So gelangten sie auf die andere Seite des Flusses.

Als sie zu der Palme kamen, bemerkte der Elefant, dass die Nüsse zu weit oben hingen: „Bis dahin reicht mein Rüssel nicht. Und die Palme ausreißen, das könnte ich zwar, ich will es aber nicht.“ – „Kein Problem“, sagte der Affe, „ich steige hinauf und hole die Nuss herunter.“ Das tat er und pflückte gleich zwei Nüsse. Diese brachten sie der Krähe, die ihnen zugeschaut hatte. Nun warteten sie darauf, wie der kluge Vogel ihren Streit entscheiden würde.

„Der Streit ist entschieden: Du, Elefant bist zwar groß und stark, hättest aber ohne den Affen die Nüsse nicht herunterholen können. Und du, Affe, brauchtest den Elefanten, um den Fluss zu überqueren. Du hast also ganz recht daran getan, gleich zwei Nüsse mitzubringen, einen für dich, und einen für den Elefanten. So lautet mein Urteil: unentschieden! Und was lernen wir daraus? Gemeinsam sind wir stärker!"

Der Affe und der Elefant schauten einander verblüfft an – und waren einverstanden.

Die Schweinchen und der Wolf

Drei kleine Schweinchen lebten froh und zufrieden in einem verlassenen Gartenhäuschen. Sie hießen Schnäuzchen, Rosalinde und Ringelschwänzchen. Es ging ihnen auch darum so gut, weil sie fast nie miteinander stritten. Dabei waren sie sehr verschieden, jedes hatte seine Vorlieben: Schnäuzchen hatte größtes Vergnügen daran, viel und lecker zu essen. Rosalinde liebte es, ausgiebig zu schlafen und zu träumen. Ringelschwänzchen war Erfinderin und hatte viele gute Ideen.

Mit den Monaten wuchsen die Schweinchen heran. Weil es ihnen in ihrem Gartenhäuschen zu eng wurde, beschlossen sie, dass jedes sein eigenes neues Häuschen bauen sollte. Gemeinsam machten sie sich auf den Weg Richtung Wald, denn da waren genug

Baustoffe und Nahrung zu finden: Hölzer und Sträucher, Eicheln, Bucheckern und Beeren.

Auf dem Weg zum Wald kamen sie an einem Feld vorbei, an dessen Rand einige Strohballen lagen. Schnäuzchen machte es sich am einfachsten: Es schob die Strohballen so zurecht, dass daraus ein kleines Häuschen entstand. Als Dach benutzte es Zweige und Äste, die mit Erde beschwert wurden. Viel wichtiger als die neue Wohnung war für Schnäuzchen, sogleich etwas Futter zu besorgen. Am Waldrand lagen viele Eicheln auf dem Boden. Davon legte sich das gefräßige Schweinchen gleich einen Vorrat an.

Nicht weit vom Strohhäuschen entfernt baute Rosalinde ein Häuschen nur aus Holz. Sie stellte Äste und Zweige so zusammen, dass daraus eine Art Zelt entstand. Alle Ritzen wurden mit Farnkraut und Blättern ausgestopft, damit die neue Wohnung auch regensicher wurde. Als Rosalinde mit dem Bauen fertig war, holte sie sich bei Schnäuzchen einen Ballen Stroh, machte ein gemütliches Bett daraus und ruhte sich aus. Erst danach kümmerte sie sich um Nahrung.

Ringelschwänzchen dachte bei sich: „Für ein sicheres Haus brauche ich andere Baustoffe als Stroh oder Holz. Steine wären bestimmt besser geeignet." Es dauerte einige Zeit, bis das klügste der drei Schweinchen genug Steine gesammelt hatte, um daraus ein etwas größeres Haus zu bauen. Es sollte geräumig genug sein, um darin auch mal Besucher empfangen zu können. Nach zwei Wochen war das Steinhaus fertig. Ringelschwänzchen schloss die Tür hinter sich und war zufrieden.

Im Wald lebten viele Tiere, darunter auch ein großer Wolf. Es dauerte nicht lange, bis dieser das Stohhaus von Schnäuzchen entdeckte und das Schweinchen darin roch. „Schweinchen, Schweinchen, mach mir auf und lass mich rein", bettelte er mit verstellter Stimme. Doch Schnäuzchen sah den Wolfsschwanz durch einen Strohspalt und rief: „Ich weiß, wer du bist und was du vorhast, ich lass dich nicht rein!" – „Dann puste ich dir dein Haus um und zerstöre es", knurrte der Wolf und fing sogleich an, daran herumzuscharren. Schnäuzchen in seiner Not zwängte sich durch die Hintertür und lief so schnell es konnte zu dem Holzhaus von Rosalinde.

„Mach mir auf, Rosalinde, beeil dich, der Wolf ist hinter mir her!", rief Schäuzchen und wurde gleich von Rosalinde eingelassen. Kurz darauf kam der Wolf herbei, roch die Schweinchen im Haus und sprach wieder mit heller Stimme: „Schweinchen, Schweinchen, lasst mich rein, es soll nicht euer Schaden sein!" – „Wir wissen, wer du bist und was du im Schilde führst", antwortete Rosalinde, „wir lassen dich nicht rein!" – „Dann puste ich euer Haus um und zerstöre es!", drohte der Wolf und fing gleich an, die Äste und Zweige auseinanderzureißen. Schnäuzchen und Rosalinde stürmten aus der Hintertür, rannten den

Weg hinunter zu dem Steinhaus von Ringelschwänzchen und klopften an die Tür.

„Lass uns schnell rein, Ringelschwänzchen, der Wolf ist hinter uns her!" Da wurden sie sofort eingelassen. Kurz darauf traf der Wolf am Steinhaus ein und sprach mit heller Stimme: „Schweinchen, Schweinchen, lasst mich rein, ich will gewiss ganz artig sein!" – „Wir lassen dich nicht rein!", antwortete Ringelschwänzchen, „wir wissen, wer du bist, und kennen deine bösen Absichten." –„Dann pusste ich euer Haus um und zerstöre es!", schrie der Wolf, stieß gegen die Tür und kratzte wütend an den Wänden. Aber was er auch anstellte, alles war vergebens!

„Hurra, wir sind gerettet!", jubelten drinnen die drei Schweinchen. Doch kurz darauf hörten sie Geräusche auf dem Dach. Ringelschwänzchen ging eilig zum Herd und stellte einen großen Topf mit heißem Wasser auf die Herdplatte. Wenig später, das Wasser begann gerade zu kochen, rieselte schon etwas Ruß durch den Kamin in den sprudelnden

Wassertopf. Da erkannten auch Schnäuzchen und Rosalinde, was der böse Wolf vorhatte: Klar, er wollte durch den Kamin ins Haus kommen! Im selben Moment erschien auch schon sein Schwanz über dem Topf. Platsch! Der Wolf landete im kochenden Wasser, schrie wie am Spieß und sprang aus dem Topf heraus. Dann jagte er durch die Tür, die Ringelschwänzchen schnell geöffnet hatte, aus dem Haus hinaus und ließ sich nie wieder blicken.

Da freuten sich die drei Schweinchen über ihre Rettung. Schnäuzchen und Rosalinde durften im Steinhaus von Ringelschwänzchen wohnen bleiben. Das kluge Schweinchen hatte ja schon beim Bauen dafür gesorgt, dass sein Haus Platz genug für drei Bewohner hatte!

Der Stier und der Esel

Ein reicher Bauer hatte viele Tiere auf seinem Hof, darunter auch einen Stier und einen Esel. Eines Abends tranken die beiden gemeinsam an der Wasserstelle und sprachen miteinander: „Du hast es gut“, sagte der Stier zum Esel, „du stehst den ganzen Tag gemütlich herum und hast nur hin und wieder mal etwas zu tun, wenn die Kinder auf dir reiten wollen. Du hast reichlich Futter und wirst schön gestriegelt. Ich dagegen muss jeden Tag hart arbeiten: die Mühle mit den schweren Mühlsteinen in Bewegung halten und den großen Pflug durch den steinigen Acker ziehen. Wenn ich an morgen denke, tun mir jetzt schon die Knochen weh.“

Der Esel hörte sich die Klagen des Stiers an und antwortete: „Ja, ich bin zufrieden, mir geht es gut. Ich bin aber auch klug! Das kann man von dir nicht behaupten. Wenn du schlauer wärst, würde es dir besser gehen.“ – „Hast du denn eine Idee, wie ich meine Lage ändern könnte?“, fragte der Stier. „Für einen klugen Ratschlag wäre ich dir ewig dankbar.“ Da zögerte der Esel nicht lange und machte dem Stier einen Vorschlag, wie er sich am folgenden Tag verhalten sollte: „Wenn die Knechte dich morgen auf den Acker zum Pflügen treiben, dann fange an zu hinken und lass dich auf den Boden fallen. Sie werden dich schlagen, aber das hältst du aus. Bleib einfach auf dem Boden liegen und gib ihnen zu verstehen, dass du krank bist. Es wird den Knechten nichts anderes übrig bleiben, als dich wieder in den Stall zu führen. Auf dem Rückweg musst du aber wieder ordentlich taumeln und so tun, als ob du es kaum in den Stall schaffst. Das wird den Bauern davon überzeugen, dass du krank bist. Er wird dir gutes Futter geben, dazu frisches Wasser und dich pflegen, damit du bald wieder auf die Beine kommst.“

Der Stier fand diesen Vorschlag ganz vorzüglich und verhielt sich am nächsten Tag genauso, wie ihm der Esel geraten hatte. Die Knechte erschraken, als sie sahen, wie schlecht es dem Stier ging, und halfen ihm, in den Stall zurückzukommen. Dann teilten sie dem Bauern mit, dass sein Arbeitsstier nicht auf dem Feld eingesetzt werden könne. „Das versteh ich nicht“, sagte der Bauer, „gestern war er doch noch wohlauf! Nun denn, gebt ihm gutes Futter, reinigt seinen Stall und pflegt ihn, damit er bald wieder arbeiten kann. Heute soll ihn der Esel ersetzen. Spannt ihn vor den Pflug, und wenn er störrisch ist, so treibt ihn mit der Peitsche an!“

Damit hatte der Esel nicht gerechnet, dass er jetzt die Arbeit des Stiers verrichten sollte. Er bereute, ihm den guten Rat gegeben zu haben, sich krank zu stellen. Den ganzen Tag musste er hart arbeiten: erst den Pflug

durch den Acker ziehen und dann die Mühlsteine in der Mühle drehen. Am Ende des Tages war er völlig erschöpft, und alle Glieder schmerzten ihm. Als er abends in den Stall kam, sah er, wie der Stier sein frisches Heu in der Raufe fraß und ganz vergnügt war. „Ich werde es noch ein paar Tage fortführen, das gemütliche Leben im Stall", sagte er zum Esel. „Ich danke dir, dass du mich so gut beraten hast." – „Das kann ich mir vorstellen", antwortete der Esel. Er beneidete den Stier und verspürte große Wut gegen ihn, war aber viel zu müde, weiter mit ihm zu sprechen.

Da sich der Stier auch in den nächsten Tagen krank und schwach stellte, wenn die

Knechte in den Stall kamen, musste der Esel weiter dessen Arbeit verrichten. Zeigte er sich unwillig und störrisch, wurde er geschlagen, was ihm zusätzlich Schmerzen bereitete. Tag für Tag ging das so, der Esel schuftete und dachte dabei über seine missliche Lage nach. Irgendetwas musste ihm doch einfallen, um sein Leben wieder zu ändern! Endlich hatte er eine Idee. Als er eines Abends erschöpft in den Stall zurückkehrte und der Stier ihn mit den Worten „du siehst müde aus" hämisch begrüßte, antwortete er: „Ja, das bin ich, aber lass dir berichten, was ich Neues erfahren habe. Es könnte dich interessieren: Als die Knechte mich eben auf den Hof führten, sagte der Bauer zu ihnen, er werde den kranken Stier in den nächsten Tagen schlachten lassen. Wenn er schon zur Arbeit nicht mehr tauge, hätte er wenigstens den Nutzen an seinem Fleisch." Und mit dieser Botschaft wendete sich der Esel vom Stier ab und legte sich zum Schlafen nieder.

Man kann sich vorstellen, was da in dem Stier vorging! Am nächsten Tag wollte er natürlich wieder gesund sein und machte sich gleich über das Futter in seiner Raufe her. In der Früh stand er putzmunter und einsatzbereit an der Tür seines Stalls, als die Knechte nach ihm schauten. Nanu, dachten sie, der scheint ja wieder wohlauf zu sein! Der Stier ließ sich ohne Widerstand vor den Karren spannen, den gestern noch der Esel gezogen hatte. Da liefen die Knechte zum Bauern und überbrachten ihm die freudige Botschaft. – Der Esel lag derweil in seinem Stall und fühlte sich nicht mehr so schlau wie früher. Er hatte seine Lektion gelernt und hütete sich seitdem, sein Maul zu weit aufzureißen und anderen kluge Ratschläge zu geben.

Der Löwe und der Hase

Vor langer Zeit lebte ein Löwe nahe bei einem Wald und herrschte dort als König der Tiere. Aber dieser Löwe beim Wald war kein guter König, er war der Schrecken aller Tiere. Er verlangte ohne Unterlass, von den anderen versorgt zu werden, und war dabei so maßlos, dass diesen kaum das Nötigste zum Leben übrig blieb.

Seine Dienerschaft wechselte jede Woche. Nun waren die Hasen an der Reihe. Die hielten eine Versammlung ab und besprachen sich, wie sie vorgehen sollten und was sie dem Tyrannen herbeischaffen könnten, um ihn zufriedenzustellen. Einer der Hasen tat sich unter den anderen hervor und sagte: „Ich bringe ihm morgen sein Frühstück! Ihr habt also Zeit, eurem Tagewerk nachzugehen. Danach werden wir weitersehen." Die anderen Hasen waren mit dem Vorschlag einverstanden und machten sich eilends aus dem Staub.

Da stand nun der vorwitzige Hase plötzlich ganz alleine da, und zuletzt es war ihm ganz und gar unwohl dabei. Drei Tage lang wagte er nicht, sich beim Löwen blicken zu lassen. Am vierten Tag fasste er sich ein Herz, ging zu ihm und verbeugte sich so tief, dass seine Ohren den Boden streiften. Gleich darauf wurde er angebrüllt: „Was soll dieser lächerliche Auftritt? Wo ist mein Es-

sen? Seit Tagen habe ich nichts serviert bekommen! Ihr Hasen habt es verdient, einer nach dem anderen aufgefressen zu werden!" Der Hase wagte kaum, den Löwen anzuschauen, trug dann aber mit fester Stimme vor, was er sich ausgedacht hatte: „Mein Herr und König, seit drei Tagen versuche ich schon, Euch das Essen zu bringen, aber auf dem Weg hierher wurde es mir jedes Mal von einem anderen Löwen weggenommen. Er drohte mir damit, mich gleich mitzufressen, wenn ich es nicht herausgäbe!" – „Ich werde nicht zulassen, dass sich ein anderer Löwen in mein Revier wagt!", brüllte der Herrscher. „Sag sofort, wo du ihm begegnet bist!" – „Ich werde Euch zeigen, wo er mich bedroht hat!", antwortete der Hase. Er ging voran, und der Löwe folgte ihm.

Nach einer Weile kamen sie an einen tiefen Brunnen, der am Waldesrand lag. Hier blieb der Hase stehen, zeigte auf den Brunnen und flüsterte zum Löwen: „Schau nach, da unten hält er sich versteckt!" Der Löwe blickte in den Brunnenschacht, sah da unten tatsächlich einen Löwen und sprang hinab, um seinen Feind aus dem Weg zu räumen. – Und das Ende der Geschichte? Der Tyrann brachte sich selbst ums Leben!

Da wurde der Hase von den anderen Tieren gelobt und gefeiert: Mutig und listig nannten sie ihn, wo doch die Hasen sonst eher für ihre Ängstlichkeit bekannt sind.

Die Katze und die Ratte

Eine Ratte lebte unter einer hohen, mächtigen Fichte, deren Astwerk bis auf den Boden hinunter wucherte. Ganz in der Nähe hausten eine Eule, ein Wiesel und eine Katze und machten der Ratte das Leben schwer.

Obgleich die Ratte von so vielen Feinden umgeben war, konnte sie sich nicht dazu entschließen, ihre Wohnung zu verlassen; denn die alte Fichte ernährte sie ausreichend mit ihren Samen, die im Frühjahr auf den Boden prasselten. Auch warf der Sturm oft reife Zapfen zu ihr herab, die sich noch nicht geöffnet hatten, und die emsige Ratte schleppte diese dann beglückt in ihr Nest und sammelte so reichlich Vorräte für das ganze Jahr.

Eines Morgens hörte die Ratte ein herzzerreißendes Miauen. Sie lächelte schadenfroh: „Einem meiner Plagegeister scheint es an den Kragen zu gehen." Das Miauen wurde immer jämmerlicher, und die Ratte blinzelte neugierig aus ihrem Loch. Aber sie konnte nichts sehen. Vorsichtig tapste sie in die Richtung, aus der das Klagen kam. Da entdeckte sie die Katze, die sie schon so oft in Angst und Schrecken versetzt hatte. Sie war in eine Falle geraten. „Das geschieht dir recht!", rief die Ratte ihrer Feindin zu.

Die Katze aber schlug ihre sanftesten Töne an und schnurrte: „Liebe Freundin, deine Güte und deine Liebenswürdigkeit sind überall bekannt. Ich habe dich vor allen anderen Tieren dieser Gegend verehrt und geliebt. Jetzt, da ich dich sehe, muss ich sagen, es reut mich keinen Augenblick, dass ich dich stets behütet und beschützt habe. Nun kannst du mir dafür deinen Dank erweisen und mir aus diesem verflixten Netz heraushelfen. Irgendein Taugenichts muss es hier ausgelegt haben."

„Ich dich retten?", fragte die Ratte belustigt, die von den schmeichelnden Worten ihrer ärgsten Feindin keinesfalls beeindruckt war. „Was bietest du mir denn zur Belohnung an?" – „Meine ewige Treue und bedingungslose Hilfe gegen alle deine Feinde", antwortete die Katze. Die Ratte entgegnete: „Gegen alle anderen Feinde, das mag wohl sein, aber wer schützt mich vor dir?" – „Ich schwöre es dir bei meinen scharfen Krallen", beteuerte die Katze.

Die Ratte wollte spottend in ihr Loch zurückkehren, da versperrte ihr das Wiesel den Weg und funkelte sie wild an. Gleich darauf rauschte fast lautlos der Waldkauz herbei. In ihrer Bedrängnis überlegte die Ratte keinen Moment, sondern eilte zur Katze und zerbiss eilig das Netz. Das Wiesel lief heraus-

fordernd auf die Katze zu, um ihr die Beute abzujagen. Flugs sprang die Ratte hinter ihre neue Verbündete. Doch sofort streckte der Waldkauz seine Krallen nach der Ratte aus.

Da drang ein wütendes Bellen zu den Streitenden herüber. Wiesel, Waldkauz, Katze und Ratte flohen in verschiedene Richtungen. Ein Jäger war mit seinen Hunden unterwegs, um die Fallen, die er aufgestellt hatte, zu kontrollieren.

Einige Tage später lugte die Ratte aus ihrem Loch, um zu erkunden, ob der Weg frei wäre, da sprang die Katze auf sie zu. Schnell fuhr die Ratte zurück. „Warum fliehst du vor mir, liebe Freundin, als wäre ich dein Feind?“, fragte die Katze scheinheilig. „Ich verdanke dir doch mein Leben und bin dein bester Freund. Komm, lass dich zum Dank für deine Hilfe küssen.“

„Ich pfeif auf deinen Dank, du Heuchlerin. Glaubst du, ich wüsste nicht, dass ich nur dem Hund mein Leben verdanke, der euch in die Flucht geschlagen hat? Du bist und bleibst eine mörderische Katze, auch wenn du mir noch so sehr das Gegenteil versicherst.“ Und mit diesen Worten zog sich die Ratte tief in ihr Loch zurück.

Der Adler und der Zaunkönig

An einem schönen Frühlingstag trafen sich zahlreiche Vögel, um ihren König zu wählen. Es waren Vögel aus verschiedenen Gegenden: dem Flachland, den Bergen und der See. Alle brachten ihre Vorschläge ein, doch auch nach tagelanger Diskussion konnten sie sich auf keinen Vogel als ihren künftigen König einigen. Immer wieder wurde der Adler als König vorgeschlagen, eine andere Gruppe von Wählern wollte lieber den Zaunkönig zum Vogelkönig machen, weil ihnen der Adler zu groß und mächtig erschien.

Da ergriff der kleine Zaunkönig das Wort und machte den Vorschlag, die Wahl zwischen ihm und dem Adler durch einen Wettbewerb zu entscheiden: „Wer von uns beiden höher fliegen kann, der soll König werden.“ Die anderen Vögel fanden den Vorschlag zwar merkwürdig, waren aber müde, länger über die Sache zu diskutieren, und stimmten ihm zu.

Da brachten sich die beiden Kontrahenten in Abflugposition und erhoben sich gleichzeitig in die Lüfte. Der Zaunkönig mit seinen kurzen Flügeln schoss direkt nach oben, weil er wusste, dass der kürzeste Weg für ihn der beste war, während sich der Adler mit seinen breiten Schwingen in weiten Kreisen langsam nach oben schraubte. Der Zaunkönig flog so hoch, wie er konnte, aber dann ging ihm die Puste aus und er hielt Ausschau nach dem Adler. Der kam gerade

in seine Richtung geflogen und als er ganz nahe unter dem Zaunkönig war, setzte sich der kleine Kerl auf seinen Rücken und hielt sich dort fest.

Der Adler bemerkte gar nicht, dass er einen Passagier auf seinem Rücken trug, flog immer höher und war schließlich von unten nur noch als kleiner Punkt am Himmel zu sehen. Als er meinte, den Wettkampf für sich entschieden zu haben, kehrte er ebenso gemächlich, wie er aufgestiegen war, zur Erde zurück. Die zuschauenden Vögel empfingen ihn mit großem Jubel und waren sich einig: „Der Adler ist am höchsten geflogen, er soll unser König sein!" Sie wunderten sich aber, dass der Zaunkönig nirgends zu sehen war. Da kam aus den Rückenfedern des Adlers der kleine Vogel zum Vorschein, reckte sich und sprach: „Ihr habt den Falschen zum König erklärt! Ich bin auf dem Adler mit in die Höhe gestiegen und auf dem höchsten Punkt noch ein wenig höher geflogen als dieser. Ich habe also den höchsten Punkt erreicht!"

Das löste bei den anderen Vögel einen Sturm der Entrüstung aus: Einige lachten und machten sich über den Zaunkönig lustig, andere nannten ihn einen Betrüger und pfiffen ihn aus. Dieses Mal waren sich alle einig, dass der Adler ihr neuer König sein sollte. Da flog der Zaunkönig beleidigt davon, zu den Sträuchern und Feldzäunen, wo er zu Hause war und über sein kleines Reich regierte. Deswegen war er ja nur der Zaunkönig! Nie wieder wollte er höher hinaus und jemand sein, der er nicht war.

Die Eule

Vor langer, langer Zeit, als die Leute noch weniger gescheit und durchtrieben waren als heute, hat sich in einer kleinen Stadt eine seltsame Geschichte zugetragen. Eine dieser großen Eulen, die man Schuhu nennt, war eines Nachts aus dem Wald gekommen, um auf Mäusejagd zu gehen. Dabei war sie in der Nähe der kleinen Stadt von einem fetten Kater angegriffen worden und hatte vor Schreck in einer Scheune Schutz gesucht. Als es Tag wurde, wagte sie nicht, ihren Schlupfwinkel zu verlassen, aus Furcht vor den anderen Vögeln, die jedes Mal, wenn sie die Eule sahen, ein furchtbares Geschrei machten.

Als nun der Hausknecht morgens in die Scheune kam, um Stroh zu holen, erblickte er die Eule in einer Ecke und bekam einen solchen Schrecken, dass er alles stehen und liegen ließ und eilig in die Wohnstube lief. Dort berichtete er dem Hausherrn, in der Scheune säße ein Ungeheuer, das seine Augen im Kopf kreisen ließ und ihn angeschaut hätte, als wollte es ihn fressen. Der Hausherr lachte nur und sagte: „Ja, ja, du bist mir ein rechter Angsthase vor dem Herrn. Einen Vogel jagen, das kannst du, aber sobald du ein totes Huhn siehst, bewaffnest du dich mit einem Stock, als wärest du in Lebensgefahr. Ich werde gleich selbst in die Scheune gehen und mir dein Ungeheuer anschauen."

Er schritt mutig in die Scheune und blickte umher. Als er die Eule in der Ecke sitzen sah und ihr in die Augen blickte, erging es ihm ebenso wie dem Knecht: Angst und Schrecken befielen ihn, und er rannte so schnell er konnte aus der Scheune, schlug das Tor zu und eilte zu einem Nachbarn, um ihn um Hilfe zu bitten. Bald war die ganze Stadt informiert. Die Bürger bewaffneten sich mit Spießen, Heugabeln und Äxten, als wollten sie gegen eine ganze Horde von Feinden zu Felde ziehen. Der Bürgermeister schritt den kampfbereiten Bürgern voran und organisierte die Umstellung der Scheune. Dann machte sich eine kleine Gruppe bereit, dem Tier zu Leibe zu rücken. Es vergingen nur wenige Sekunden, da waren sie auch schon wieder draußen, schreckensbleich und unfähig, auch nur ein Wort herauszubringen.

Da trat endlich ein großer, starker Mann hervor, der für seine Kriegstaten berühmt war, und sagte: „Seid ihr denn alle zu Feiglingen geworden, dass ihr so schnell die Flucht ergreift." Dann ließ er sich eine Eisenrüstung, ein Schwert und eine Lanze bringen und schritt beherzt in die Scheune. Das Scheunentor hinter sich ließ er offen, damit die anderen Bürger seinen Mut bewundern konnten. Sie wünschten ihm Glück, waren aber um sein Leben besorgt. Die Eule hatte inzwischen auf einem Dachbalken Platz genommen. Der tapfere Krieger ergriff eine Leiter und stieg die Sprossen empor. Da stand er nun vor der Eule und zückte sein Schwert. In diesem Moment rollte die Eule mit ihren Augen, spreizte die Flügel und ließ mit rauer Stimme ihr „Schuhu, Schuhu" hören.

„Stoß zu, stoß zu!", rief die Menge vor dem Scheunentor. Doch sie sahen ihren Helden auf der Leiter wanken. Halb ohnmächtig stand er vor der Eule, die ihn jetzt noch mit ihrem Schnabel angriff. Da machte sich der starke Mann auf den Rückzug und war froh, dass er nicht von der Leiter gefallen und heil unten angekommen war. Er verließ die Scheune, und das Scheunentor wurde verschlossen. Jetzt war keiner mehr übrig, der den Kampf gegen das Ungeheuer gewagt hätte. Der Bügermeister beriet sich mit den Bürgern, was nun zu tun sei. „Die Lage ist ernst", sagte er, „doch wir werden einen Ausweg finden, um die Stadt vor der Bedrohung zu schützen."

Lange wurde über eine geeignete Lösung nachgedacht. Die Idee, die Soldaten des ganzen Landes zum Einsatz zu rufen, wurde verworfen. „Zu aufwendig, zu teuer!“, sagte der Bürgermeister. Endlich hatte er selbst einen besseren Vorschlag: „Wir werden dem Eigentümer der Scheune aus der Gemeindekasse den Gegenwert seines Gebäudes und des darin aufbewahrten Getreides, Strohs und Heus bezahlen und die Scheune mit dem fürchterlichen Tier abbrennen.“ Niemand hatte einen besseren Vorschlag, auch der Besitzer der Scheune war einverstanden. Die Scheune wurde also an allen vier Ecken angezündet, und mit ihr verbrannte die arme Eule jämmerlich.

Ihr meint, so viel Dummheit hätte es nur in früheren Zeiten gegeben? – Nein, die gibt es noch heute! Wer's nicht glaubt, muss nur die Leute in den Dörfern und Städten fragen. Wartet nur, was die euch zu erzählen haben.